U0477534

III\ 见识城邦

更新知识地图　拓展认知边界

BIG HISTORY

万物大历史

帝国是怎么产生并消失的

[韩]杨恩英 著 [韩]郑元桥 绘 赵春艳 译

中信出版集团 | 北京

图书在版编目（CIP）数据

帝国是怎么产生并消失的 /（韩）杨恩英著；（韩）郑元桥绘；赵春艳译 . -- 北京：中信出版社，2022.8
（万物大历史）
ISBN 978-7-5217-4387-6

Ⅰ . ①帝… Ⅱ . ①杨… ②郑… ③赵… Ⅲ . ①世界史－青少年读物 Ⅳ . ① K109

中国版本图书馆 CIP 数据核字（2022）第 077596 号

Big History vol. 14
Written by Eunyoung YANG
Cartooned by Wonkyo JUNG

帝国是怎么产生并消失的
著者：　　[韩] 杨恩英
绘者：　　[韩] 郑元桥
译者：　　赵春艳
出版发行：中信出版集团股份有限公司
（北京市朝阳区惠新东街甲 4 号富盛大厦 2 座　邮编　100029）
承印者：　天津丰富彩艺印刷有限公司

开本：880mm×1230mm 1/32　　印张：7.5　　字数：124 千字
版次：2022 年 8 月第 1 版　　印次：2022 年 8 月第 1 次印刷
京权图字：01–2021–3959　　书号：ISBN 978–7–5217–4387–6
定价：68.00 元

服务热线：400–600–8099
投稿邮箱：author@citicpub.com

大历史是什么？

为了制作“探索地球报告书”，具有理性能力的来自织女星的生命体组成了地球勘探队。第一天开始议论纷纷。有的主张要了解宇宙大爆炸后，地球是从什么时候、怎样开始形成的；有的主张要了解地球的形成过程，就要追溯至太阳系的出现；有的主张恒星的诞生和元素的生成在先，所以先着手研究这个问题。

在探索过程中，勘探家对地球上存在的多样生命体的历史产生了兴趣。于是，为了弄清楚地球是在什么时候开始出现生命的，并说明生命体的多样性和复杂性，他们致力于研究进化机制的作用过程。在研究过程中，他们展开了关于“谁才是地球的代表”的争论。有人认为存在时间最长、个体数最多、最广为人知的“细菌”应为地球的代表；有人认为亲属关系最为复杂的白蚁才是；也有人认为拥有最强支配能力的智人才是地球的代表。最终在细菌与人类的角逐战中，人类以微弱的优势胜出。

现在需要写出人类成为地球代表的理由。地球勘探队决定要对人类怎样起源、怎样延续、未来将去往何处进行调查和研究，找出人类的成就以及影响人类的因素是什么，包括农耕、城市、帝国、全球网络、气候、人口增减、科学技术和工业革命等。那么，大家肯定会好奇：农耕文化是怎样促使人类的生活产生变化的？世界是怎样连接的？工业革命是怎样改变人类历史的？……

地球勘探队从三个方面制成勘探报告书，包括："从宇宙大爆炸到地球诞生"、"从生命的产生到人类的起源"和"人类文明"。其内容涉及天文学、物理学、化学、地质学、生物学、历史学、人类学和地理学等，把涉及的知识融会贯通，最终形成"探索地球报告书"。

好了，最后到了决定报告书标题的时间了。历尽千辛万苦后，勘探队将报告书取名为《万物大历史》。

外来生命体？地球勘探队？本书将从外来生命体的视角出发，重构"大历史"的过程。如果从外来生命体的视角来看地球，我们会好奇地球是怎样产生生命的，生命体的繁殖系统是怎样出现的，以及气候给人类粮食生产带来了哪些影响。我们不禁要问："6 500 万年前，如果陨石没有落在地球上，地球上的生命体如今会怎样进化？""如果宇宙大爆炸以其他细微的方式进行，宇宙会变成什么样子？"在寻找答案的过程中，大历史产生了。事实上，通过区分不同领域的各种信息，融合相关知识，并通过“大历史”，我们找到了我们想要回答的“宇宙大问题”。

大历史是所有事物的历史，但它并不探究所有事物。在大历史中，所有事物都身处始于137亿年前并一直持续到今天的时光轨道上，都经历了10个转折点。它们分别是137亿年前宇宙诞生、135亿年前恒星诞生和复杂化学元素生成、46亿年前太阳系和地球生成、38亿年前生命诞生、15亿年前性的起源、20万年前智人出现、1万年前农耕开始、500多年前全球网络出现、200多年前工业化开始。转折点对宇宙、地球、生命、人类以及文明的开始提出了有趣的问题。探究这些问题，我们将会与世界上最宏大的故事相遇，宇宙大历史就是宇宙大故事。

因此，大历史不仅仅是历史，也不属于历史学的某个领域。它通过开动人类的智慧去理解人类的过去和现在，它是应对未来的融合性思考方式的产物。想要综合地了解宇宙、生命和人类文明的历史，就必然涉及人文与自然，因此将此系列丛书简单地划分为文科和理科是毫无意义的。

但是，认为大历史是人文和科学杂乱拼凑而成的观点也是错误的。我们想描绘如此巨大的图画，是为了获得一种洞察力，以便贯穿宇宙从开始到现代社会的巨大历史。其洞察中的一部分发现正是在大历史的转折点处，常出现多样性、宽容开放、相互关联性以及信息积累的爆炸式增长。读者不仅能通过这一系列丛书，在各本书也能获得这些深刻见解。

阅读和学习“万物大历史”系列丛书会有什么不同呢？当然是会获得关于宇宙、生命和人类文明的新奇的知识。此系列丛书不是百科全书，但它包含了许多故事。当这些故事以经纬线把人文和科学编织在一起时，大历史就成了宇宙大故事，同时也为我们提供了一个观察世界、理解世界的框架。尽管想要形成与来自织女星的生命体相同的视角可能有点困难，但就像登上山顶俯瞰世界时所看到的巨大远景一样，站得高才能看得远。

但是，此系列丛书向往的最高水平的教育是“态度的转变”，因为通过大历史，我们最终想知道的是“我们将怎样生活”。改变生活态度比知识的积累、观念的获得更加困难。我们期待读者能够通过“万物大历史”系列丛书回顾和反省自己的生活态度。

大历史是备受世界关注的智力潮流。微软的创始人比尔·盖茨在几年前偶然接触到了大历史，并在学习人类史和宇宙史的过程中对其深深着迷，之后开始大力投资大历史的免费在线教育。实际上，他在自己成立的 BGC3（Bill Gates Catalyst 3）公司将大历史作为正式项目，之后还与大历史企划者之一赵智雄的地球史研究所签订了谅解备忘录。在以大卫·克里斯蒂安为首的大历史开拓者和比尔·盖茨等后来人的努力下，从 2012 年开始，美国和澳大利亚的 70 多所高中进行了大历史试点项目，韩国的一些初、高中也开始尝试大历史教学。比尔·盖茨还建议“青少年应尽早学习大历史”。

经过几年不懈努力写成的“万物大历史”系列丛书在这样的潮流中，成为全世界最早的大历史系列作品，因而很有意义。就像比尔·盖茨所说的那样，“如今的韩国摆脱了追随者的地位，迈入了引领国行列”，我们希望此系列丛书不仅在韩国，也能在全世界引领大历史教育。

李明贤　　赵智雄　　张大益

祝贺“万物大历史”系列丛书诞生

大历史是保持人类悠久历史，把握全宇宙历史脉络以及接近综合教育最理想的方式。特别是对于21世纪接受全球化教育的一代学生来讲，它显得尤为重要。

全世界范围内最早的大历史系列丛书能在韩国出版，并且如此简洁明了，这让我感到十分高兴。我期待韩国出版的“万物大历史”系列丛书能让世界其他国家的学生与韩国学生一起开心地学习。

“万物大历史”系列丛书由20本组成。2013年10月，天文学者李明贤博士的《世界是如何开始的》、进化生物学者张大益教授的《生命进化为什么有性别之分》以及历史学者赵智雄教授的《世界是怎样被连接的》三本书首先出版，之后的书按顺序出版。在这三本书中，大家将认识到，此系列丛书探究的大历史的范围很广阔，内容也十分多样。我相信“万物大历史”系列丛书可以成为中学生学习大历史的入门读物。

大历史为理解过去提供了一种全新的方式。从1989

年开始，我在澳大利亚悉尼的麦考瑞大学教授大历史课程。目前，在英语国家，大约有 50 所大学开设了大历史课程。此外，在微软创始人比尔·盖茨的热情资助下，大历史研究项目团体得以成立，为全世界的青少年提供免费的线上教材。

如今，大历史在韩国备受关注。2009 年，随着赵智雄教授地球史研究所的成立，我也开始在韩国教授大历史课程。几年来，为促进大历史在韩国的传播，我们付出了许多心血，梨花女子大学讲授大历史的金书雄博士也翻译了一系列相关书籍。通过各种努力，韩国人对大历史的认识取得了飞跃式发展。

“万物大历史”系列丛书的出版将成为韩国中学以及大学里学习研究大历史体系的第一步。我坚信韩国会成为大历史研究新的中心。在此特别感谢地球史研究所的赵智雄教授和金书雄博士，感谢为促进大历史在韩国的发展起先驱作用的李明贤教授和张大益教授。最后，还要感谢“万物大历史”系列丛书的作者、设计师、编辑和出版社。

2013 年 10 月

大历史创始人　大卫·克里斯蒂安

David Christian

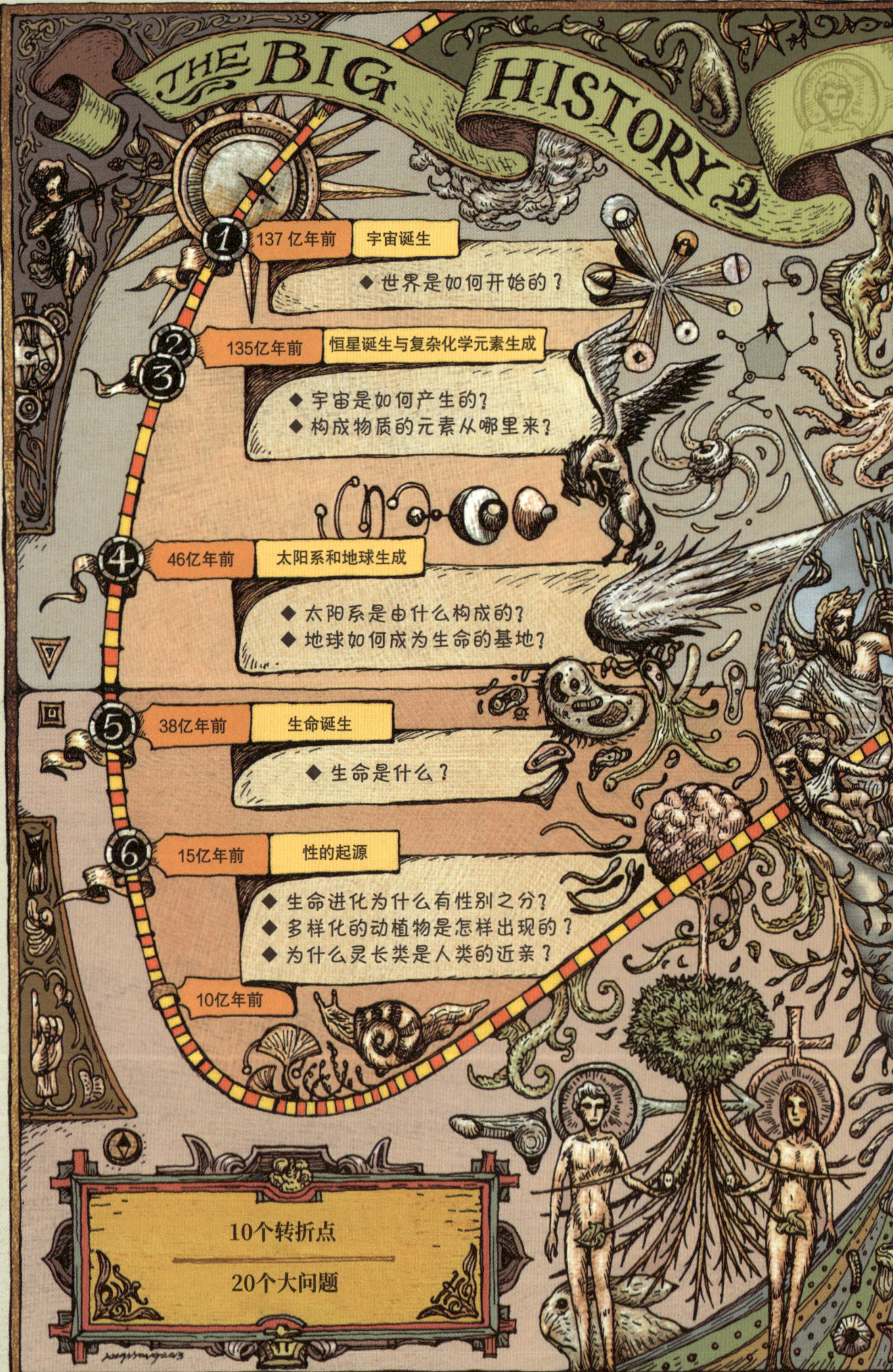
THE BIG HISTORY 2
1
137 亿年前
宇宙诞生
◆ 世界是如何开始的？
2
3
135亿年前
恒星诞生与复杂化学元素生成
◆ 宇宙是如何产生的？
◆ 构成物质的元素从哪里来？
4
46亿年前
太阳系和地球生成
◆ 太阳系是由什么构成的？
◆ 地球如何成为生命的基地？
5
38亿年前
生命诞生
◆ 生命是什么？
6
15亿年前
性的起源
◆ 生命进化为什么有性别之分？
◆ 多样化的动植物是怎样出现的？
◆ 为什么灵长类是人类的近亲？
10亿年前
10个转折点
20个大问题

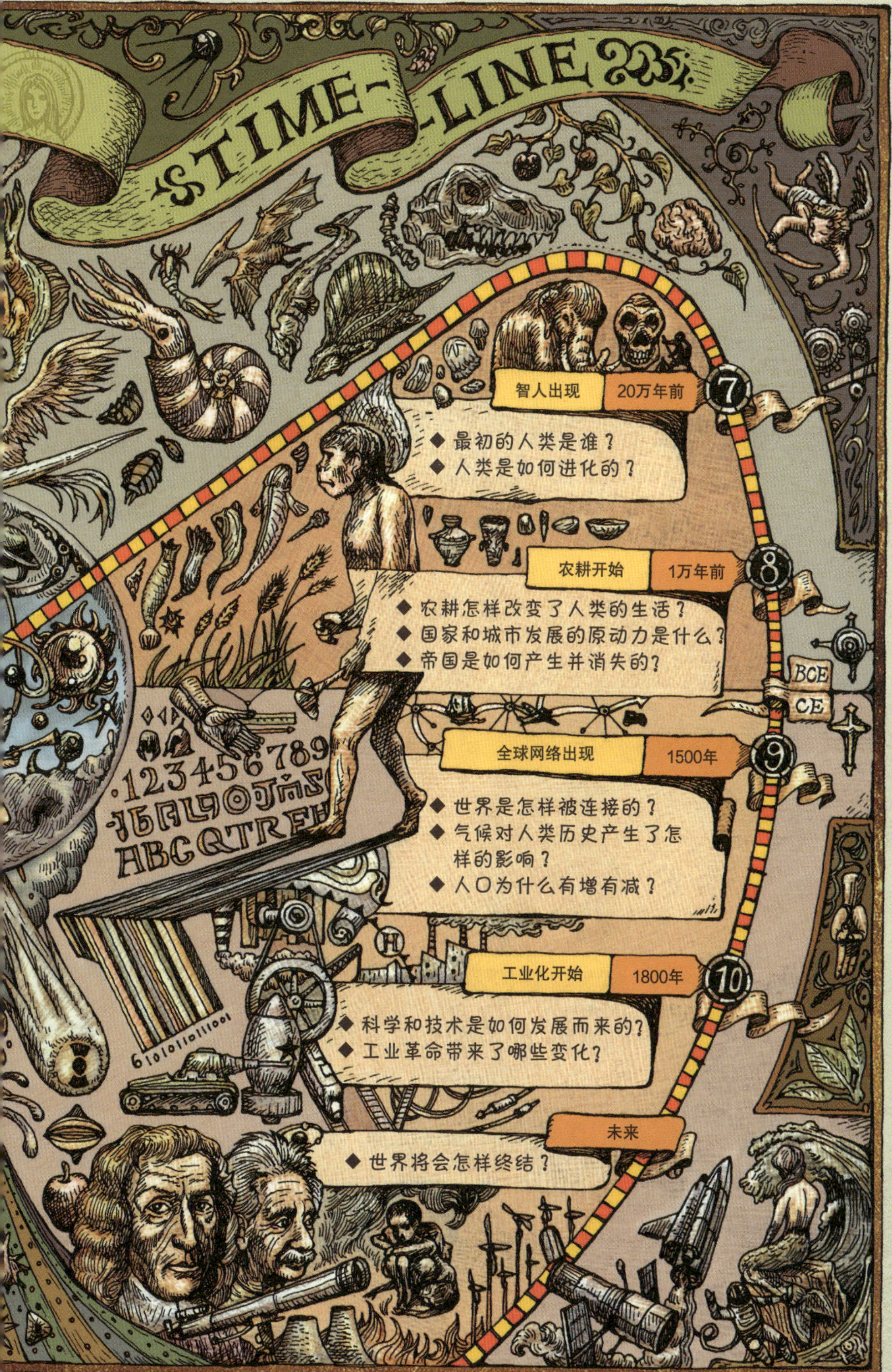
TIME-LINE
智人出现
20万年前
7
◆ 最初的人类是谁？
◆ 人类是如何进化的？
农耕开始
1万年前
8
◆ 农耕怎样改变了人类的生活？
◆ 国家和城市发展的原动力是什么？
◆ 帝国是如何产生并消失的？
BCE
CE
全球网络出现
1500年
9
◆ 世界是怎样被连接的？
◆ 气候对人类历史产生了怎样的影响？
◆ 人口为什么有增有减？
工业化开始
1800年
10
◆ 科学和技术是如何发展而来的？
◆ 工业革命带来了哪些变化？
未来
◆ 世界将会怎样终结？

目录

进化的帝国

4 游牧帝国及后裔

通向帝国历史的旅程

公元前 326 年，印度河边，一个年长的艄公朝河对岸瞥了一眼，瞬间大吃一惊，瞪大了眼睛。大批身披铠甲、手持刀剑的士兵出现在西边河堤上。虽然艄公以前也曾帮助过一些陌生的商人和各国使节渡河，但人数如此众多的士兵还是第一次看到。艄公怀着忐忑不安的心情回家了。第二天，他抑制不住好奇心，早早地向河边走去。当他来到河边，他再次惊奇地发现，那些士兵正渡河而来。

这些渡河的士兵，正是亚历山大大帝的军队。他们从故乡马其顿出发，在途经小亚细亚半岛、美索不达米亚平原、伊朗高原的征途中，经历了许多次战斗，战斗力越来越强。他们渡过印度河之后，在印度西北部旁遮普的海达斯佩斯河附近，与印度国王波拉斯的军队展开了战斗。亚历山大大帝的希腊重装步兵，最终战胜了以战象为排头兵的波拉斯的部队。在战斗过程中，亚历山大大帝被波拉斯的勇敢打动，他不仅保留了波拉斯原有的尊位，而且还给了他更广袤的土地，让他代替自己进行统治。就这样，波拉斯成为效忠于亚历山大大帝的地方官，辅助他统治庞大的帝国。

亚历山大大帝从马其顿王国出发，先后征服了美索不达米亚平原、伊朗高原，以及印度西北部等广大区域，把这些领土统一为一个国家。像这种支配和统治着许多国家和民族的统一而又庞大的王国，我们称之为“帝国”。

“万物大历史”系列展示了宇宙万物与人类历史中一些看似简单但最终结合成复杂新个体的变化过程。在这一变化过程中，那些复杂的新个体，并不是仅仅由组成它的单独个体简单累加而成，而是一种从量变到质变的过程。这种质变又可能会导致更大程度的质的飞跃。

帝国就是人类创造的一种“质变”新个体。这就好像原子构成了分子，分子又构成了生命；人类构成了家庭，家庭又构成了部落，部落构成了城市，城市又构成了国家。生命并不仅仅是单纯的分子集合体，它还是促进进化的动力。城市的出现，会导致大规模商业行为的发生，而这又是能够促进国家诞生的基础。同样，因为国家具备经济、军事和政治职能，人类文明才得以继续发展和进步。而随着人类历史的不断发展、日趋复杂，最终作为许多民族和国家共同体的帝国得以产生。

通过这本书，大家会了解到古今中外的许多帝国。通过回顾这些帝国的历史，大家会发现，虽然这些帝国存在于不同的时空，但它们之间却有着如下许多相同点。

第一，在远离世界文明中心的偏远地区，如果一个民族注重培养本民族民众的民族性及凝聚力，帝国就容易在这样的民族中诞生。亚历山大帝国发源于希腊半岛东北边缘的马其顿，与西方文明中心、希腊半岛东南部的爱琴海地区有一定距离。从那里它逐渐统治了整个爱琴海及美索不达米亚地区。这些地区都拥有高度发达的人类文明。

第二，建立起帝国的民族都期望自己的国家能够成为文明社会里权力、财富、知识、文化聚集的中心。亚历山大帝国的建立，就始于马其顿王国对爱琴海地区、美索不达米亚、伊朗高原及印度等地区财富、知识和文化的原始占有欲望。

第三，帝国的建立和最终统一，都是依靠武器和强权的压迫才得以实现的；同时，帝国统治者也在努力使帝国内的各个民族融合为一个整体。亚历山大大帝的军队在伊朗高原上征服波斯帝国的时候，他率领接受过系统训练并逐渐发现，比起独自生活居住，大家聚居在一起生活会更方便。各种各样的人聚在一起生活久了，就会产生各种利益关系，矛盾也必然会出现。在调和这些大大小小的矛盾

大韩帝国是真正的帝国吗？

一个国家的最高统治者是否被称为皇帝，与判断这个国家是帝国与否没有什么必然联系。例如，从 1897 年到 1910 年，朝鲜半岛上的大韩帝国，虽然有过光武皇帝与隆熙皇帝，但它却从来没有拥有过对别的国家或者民族的支配权，所以就不能算是真正的“帝国”。

也许有的读者会对这一概念感到迷惑，尤其当表示帝国的“帝”字和表示国家的“国”字放到一起的时候。“帝国”这个词，在英文中对应的是“empire”，而“empire”这个词又来自拉丁语“imperator”，它是指罗马帝国的皇帝。而这个词更直接的来源是意指罗马帝国皇权的“imperium”一词。对于西欧人来说，罗马帝国是对许多国家和民族进行统治的帝国的代名词。从历史上来看，罗马帝国在统治许多国家和民族的时候，确定了国家的政治体制，即皇权政治。“empire”本来是指皇权政治，但随着罗马帝国统治越来越多的国家和民族，它的含义也就逐渐变化为“统治许多国家和民族的帝国”。它的这层含义逐渐固定下来，最终成为“帝国”一词的官方定义，意指皇权统治，即帝国。

在帝国时代之前，古罗马从共和时代开始，就统治着高卢、希腊、伊比利亚、西西里岛等地区。至于统治者是谁，与帝国的定义无关。纳粹德国曾有元首，日本有天皇与内阁，古罗马有执政官与保民官，英国与波斯都有国王，蒙古帝国曾有多个可汗。虽然国家元首名称不同，但这些国家都曾对别的国家实施过统治，因此可以被称为“帝国”。

的过程中，秩序和制度就建立了起来。最初的小部落集团逐渐扩大成为城市；城市设立政府来管理一定的领土，就成为国家；国家再进一步，就成为帝国。

如果用一句话来简单定义帝国的话，那就是“统治很多国家和民族的共同体”。帝国是把原本具有独立政权和国体的国家或者民族都统合到一起进行统治的国家。这种帝国可以被称为“正式的帝国”。在正式的帝国里，具有最强大权力与影响力的民族或者国家，与其他比较弱的国家或者民族之间有着非常清楚的分界线。

因此，当某一特定的民族或者国家对其他国家或者民族进行征服并施加统治，从而建立帝国之后，被统治的国家或民族就沦为统治民族的殖民地或者从属民族，稍好一点的会成为拥有自治权的属国，有的则彻底解体。

总的来看，上面所提到的帝国，有几个共同点。

第一，帝国作为一个由共同目标结合起来的共同体，其内部一定有着构成国家核心的帝国民族。第二，帝国虽然是用武力获得的统治权，但同时也会希望被统治民族积极协作配合，使帝国维持在一个稳定的状态下。第三，在这一过程中，帝国中心与其他各个地区的财富、文化及知识网络建立起来，帝国因此又会逐渐形成更复杂的人类文明。

在人类的历史上，符合这样标准的帝国曾经有很多。以中国为例，汉、唐、明、清都有类似的特征。中国往西，很久以前还曾经有埃及、赫梯、巴比伦、亚述、希腊、波斯、罗马等国实现过帝国之梦。这之后还曾出现阿拉伯帝国以及拜占庭帝国。在美洲大陆上，曾出现玛雅王国、阿兹特克帝国（三国同盟）、印加帝国等等。在东南亚，曾经有满者伯夷帝国、高棉帝国等多民族统一的帝国。此外，有蒙古帝国、帖木儿帝国、奥斯曼帝国等游牧民族建立的帝国，还有葡萄牙、西班牙、荷兰、英国、法国、德国、俄罗斯、奥地利等欧洲列强建立的帝国。到了20世纪，又出现了纳粹德国和日本等，它们都算得上是帝国。

那么，这里有一个疑问："现代的美国算得上帝国吗？"答案当然是肯定的。美国曾拥有像菲律宾这样的海外殖民地，带有明显的帝国特征。而且尤为重要的是，今日的美国虽然在世界上没有正式地去统治哪个国家，但它却可以对很多国家施加非正式的影响及支配能力。这种国家虽然不是上面那种正式帝国，但从它可以支配许多国家及其影响力来看，我们可以相对地称之为"非正式帝国"。

从历史上来看，所有的帝国都同时具有正式帝国和非正式帝国的特征。比如罗马帝国、中国的许多王朝、大英帝国等，它们都曾有正式的附属民族、藩属国、殖民地以及被保护国等。不仅如此，它们以强大的军事能力、经济能力和文化能力对这些属国进行统治，并接受这些国家的朝贡，把它们看作自己的附属国。但从当今的美国来看，比起前面那些正式的帝国，美国的非正式帝国特征更为明显；因此，可以把美国归类为非正式帝国。此外，许多大型跨国企业虽然并没有正式的统治行为，但它们确实能够对许多国家和民族行使强大的支配能力，这也可以视作非正式帝国的一种类型。

谁创造了帝国?

人们都崇拜英雄。我们都知道，发明了龟甲船的人是李舜臣将军，为罗马帝国奠基的人是恺撒大帝。英雄本身都自带光环，所以也特别容易被大家铭记。但就像李舜臣将军自己造不出龟甲船一样，恺撒大帝自始至终都重视民意，以确保帝国根基稳固。特别出众的、有创造能力的个人，虽然可以在历史的海面上泛起涟漪，但民众更像海洋深处的宏大洋流，总是不动声色地在海面下流淌。

从帝国建立的过程来看也是如此。除了极少数的例外情况，大部分帝国并不是由一两个杰出的英雄建立的，而是由某个特定群体的多数人建立的。他们所构成的民族

群体感

14世纪的阿拉伯世界历史学者伊本·赫勒敦把团结在一起的共同体力量称为“群体感”。他认为群体感决定了一个民族的兴亡盛衰。

共同体，对其他国家或者民族施加影响并进行统治，使帝国逐步建立起来。建立帝国的民族都带有自己明显的民族性，而这种民族性，最后又成为这个民族所建立的帝国的国家性。建立起帝国的民族对其他民族施加影响、进行统治的同时，又必须在整个帝国共同体范围内与其他民族团结一致，建立共同目标，产生共同的“群体感”（群体凝聚力）。建立罗马帝国的罗马人，建立阿拉伯帝国的阿拉伯人，建立蒙古帝国的蒙古人等，都属于这样的帝国民族。

一个民族共同体如果想统治其他民族，就要具有强大的力量，同时具有清晰的民族认同感。也就是说，这个民族内部的所有人，都必须具有“我们是罗马人”这种强烈的感受与认同感，这个共同体才能发挥出强大的力量。

因此，一个民族最重要的就是把民族内部的所有人团结为一体，并形成只有本民族才具有的独特而丰富的民族文化。这样，民族内部的所有人共享本民族特有的语言与文学、建筑与艺术、哲学与社会准则，以及共同的历史经验、共同的仪式与庆祝活动、共同的知识体系与宗教信仰等。比如，让我们回想一下，在民族文化形成过程中，文字、被殖民压迫的历史和工业化的历史、各种礼仪、节日风俗等，都曾发挥了怎样的作用?

无论一个民族的固有文化多么独特，只要我们身处其中，时间久了，都很难发现这种文化的独特性。比如，韩国人虽然一直生活在韩国这个国家，但如果被问到韩国文化的特点，他们却很难回答上来。反而是像全罗道与庆尚道、邻近的中学与自己所在的学校、朋友家与自己家这些稍微小一些的共同体，他们比较容易说出它们之间的差异。这个例子放在其他国家也能成立。当我们有机会出国旅行的时候，我们会发现，“原来日本人吃米饭的时候是端着碗吃的”“荷兰人个子真高啊”等。到这时候，我们才会发现自身与他们的不同，认识到我们民族的特点。没有比较就看不到差异。

像这种具有自己独特文化的民族共同体，在与周围其他共同体接触合作的过程中发生文化冲突时，才会意识到自己民族文化的独特性。因此，如果某个民族共同体正好生活在农耕定居文明与非农耕定居文明的交界处——“文明边界”的位置上，就更有机会对不同文明世界加以比较，进而发现其中的差异，认识到本民族的文化特点。

比如，波斯帝国以巴比伦为中心，诞生于美索不达米亚文明与游牧文明两种文明的交界处。生活在美索不达米亚平原的许多民族接触不到自己以外的民族，因此，他们很难发现自己民族的特点并使之发扬光大。而生活在文明交界处的波斯人能够认识到，本民族与那些生活在美索不达米亚平原上的民族不一样，也与周围那些游牧民族不一样。这使得波斯人对本民族的文化认同感更强烈，因此也具有更强大的凝聚力。

这种被强化的民族认同感，如果要想表现为对外的团结一致，就需要在其共同体内部消除矛盾与分歧。假如罗马帝国在建立之初分裂为富人与穷人两大阵营，互

凝聚力的减退

1

2

3

三幅图依次为西班牙的巴斯克人独立运动、英国的北爱尔兰独立运动、加拿大的魁北克独立运动。如果一个共同体不能解决自身内部因为民族、文化、宗教、历史等差异而导致的矛盾，就有可能出现国家分裂或者独立运动。当这些矛盾变得比较严重的时候，国家就很难发挥原有的凝聚力

相有矛盾甚至反目成仇的话，就无法团结一心，发挥帝国民族的强大力量。因此，在帝国内部，必须通过缩小贫富差距、扩大民众权利、平均分配所获利益以使所有成员都能够相信，这个共同体所获得的任何成果，最终能够惠及每一位成员。

为了使帝国这个共同体更强大并具有凝聚力，共同体的所有成员必须有一个共同的远大目标，也就是说，整个

帝国必须有一个共同的目标；而这个目标一开始肯定不会是去压迫、统治其他民族这一类的。因此，不会有哪个共同体的成员狂喊“我们去统治邻国吧”，也当然不会有人盲目地跟随回应“好嘞，我们一起去”。没有哪一个国家会把压迫别国作为自己的国家目标，努力让自己的国民生活得更好才是目标。但这个“生活得更好”并不仅仅意味着诸如多多赚钱这种物质上的满足，还意味着每一位国民都能够获得民族自豪感和自我肯定，比如去接触更好的文学作品，以及被更多的美术作品或者设计优秀的建筑包围等。更好的生活，往往意味着民族梦想的实现以及体现更高价值，还意味着学习更多的知识、更科学地解释这个世界以及了解世间万物所蕴含的道理，并能创造出更高层次的知识体系。国家为了实现这种追求更好生活的目标，有可能会对其他国家进行统治和剥削，这会导致战争，帝国最终也会随之建立起来。

从让国民生活得更好这一层来看，国民的梦想与帝国的梦想紧密相关，彼此一致。比如，生活得更好与共同体的形成、生活得更好与城市的形成、生活得更好与国家的形成等等，都是相辅相成的。在很久以前，有一个渔夫在海边搭了个小窝棚生活，生活很是清苦，家人之间也没什么话好说，家里连个像样的工具都没有，餐桌上的食物也简陋不堪。有一天，渔夫认识了在山上生活的人。渔夫给

得多个民族在彼此融合的过程中所创造的经济价值、资源、知识以及文化等，全部向建立帝国的民族聚集靠拢。

在中国的汉朝以及后来的阿拉伯帝国建立以后，陆上丝绸之路以及海上丝绸之路把亚非欧三大洲逐步连接起来，构建了大规模的贸易网络，亚非欧三个大洲之间的贸易活动更加活跃。在这些贸易网络上，昂贵的商品转手交易，知识与文化都得到了充分交流。当时，如果掌握了这些贸易网络，几乎可以说是掌握了统治世界的资本。当时确实是这样的一个时代，这种说法一点都不夸张。为了获得这个庞大的贸易网络的支配权，当时的许多民族都在不停地努力，期待实现自己的帝国梦想。

那么，这种庞大的贸易网络，具体都包含什么呢？掌握了这个网络的支配权，对于建立起帝国的民族，又有着怎样的意义呢？

当时的人们喜欢亮闪闪的宝石与黄金、柔软的丝绸、散发着诱人味道的香料。而这些也是大部分现代人喜欢的东西，虽然随着时代或者地域以及个人品味的变化稍有不同，但千百年来大体上没有变化。在那时候，地中海地区拥有大量亮晶晶的矿石，例如伊比利亚半岛有着非常多的贵金属矿。柔滑的丝绸来自中国。让食物更美味的香料产地则在东南亚及印度。地中海地区与中国以及印度彼此之间都向往对方的物产，因此它们之间开始出现贸易往来。虽然远隔重洋，但这几个地区之间还是建立起了庞大的贸易网络。有的商人从中国买入丝绸去

大的利润。无论是两端的生产者，还是中间的运输者或者商人等，在这条利润链条上，每个人都希望自己所能掌控的利益链条更长，利润更多，同时还希望尽量减少中间环节以控制价格。例如，生产者 A 与购买者 D 之间，按照顺序中间有 B 与 C 两个中间商。A 把 100 元成本的东西按 150 元卖给 B，B 又以 200 元的价格卖给 C，C 又以 300 元的价格卖给 D。如果 A 能够不经过 B 这一环节直接卖给 C，他就能从 C 那里赚取 100 元，比原来多赚 50 元。这件事如果被 C 知道了，那么双方很有可能最后就能够以 180 元的价格成交，因为 C 必然也希望获得比以前更大的利润空间。同理，在各个帝国路途遥远的贸易网络中，帝国统治者必然也希望自己拥有更大面积的土地，以便获得更长的利益链条，因此，他们会不遗余力地进行扩张。

如果一个帝国对生活在贸易网络上的许多民族实施控制，那么它不仅能够把自己的商品以更高的价格卖出去，而且能够把这些民族的商品以更低的价格买进来。尤其当帝国内的某一个民族能够生产出贸易网络两端的一手货品，帝国又有能力对贸易之路上的运输者及中间商进行控制，或者干脆把他们变为帝国子民的时候，那就更有利于帝国赚取利润了。此外，以中国的汉朝、唐朝为代表的那些帝国，还曾以朝贡贸易的方式，与自己的属国以及商人交换商品，获得自己所需要的各种商品。

收税是通过控制贸易网络来积累财富的最便捷的方法。税金是某一集团利用自己在某个领域所拥有的管辖权，对领域内发生的所有交易收取的一部分利润。一个帝国内，交易数量越多，所收取的税金也越多；帝国日后的扩张也就有了牢固的经济基础。在经济发展过程中，许多帝国都会把货币加以统一，这样既可以对所有国民收取同等价值的货币来充当税金，也可以使帝国的货币普及到更多地方，使帝国商业更加兴旺发达。

帝国的协作之路

在帝国社会中，许多民族通过多种方式所创造的社会财富，最后都会被集中到建立起帝国的帝国民族手中。但是，如果隶属于这个帝国的其他民族拒绝交出自己创造的财富，不接受建立起帝国的那个民族的文化，也不愿意把自己民族的知识财富交给统治帝国的民族，他们就会一心盼望着这个帝国灭亡，以便重新获得独立。如果出现这种情况怎么办？

解决方法有两种。第一种是以强大的武力镇压，然后加以制度性的管制。对于那些叛军，虐杀他们的家人；对于帝国民族想拥有的东西，不给就用武力抢夺；不肯合作就威逼他们同意。到处安插告密者，动用强大的国家暴力机器，使那些被统治的民族处于被严密监视的天罗地网之中。这是一种利用人性的恐惧来维护帝国体制的方法。

但是，仅依靠武力镇压与压迫，无法令帝国的统治持久，更不可能创造出繁荣发达的文明。比如看恐怖电影，重放时就不会像第一次观看时感觉那么恐怖了。如果一个帝国进行持续的高压统治，人们对帝国统治者的恐惧就会逐渐弱化；同时他们会慢慢产生对抗帝国的勇气。也许，就在某一个瞬间，帝国会垮塌。而且，依靠压迫与剥削来维持帝国的统治，也与最初创建帝国时的梦想背道而驰。就像前文提到的那样，帝国创建时的梦想，是通过多个国家与民族生机勃勃的生产活动来创造帝国的价值。但在压迫与剥削之下，不要说充满生机的各种生产活动，就连各民族的生活、整个帝国共同体以及贸易网络最终都会崩溃，帝国自然也会随之垮塌。因此，帝国统治者都希望帝国内的各民族民众相信，比起与帝国对抗，与帝国进行协作对双方更有利。正因为如此，历史上大部分的帝国一方面强力镇压那些威胁自身统治的叛乱者，另一方面会努力与各民族协作，制定许多行政及司法制度来促进和保障各民族的经济活动；它们重视帝国各民族的融合，建立起超越单一民族局限性的超民族共同体。

古今中外，许多帝国统治者都采取了多方面努力，以便能够跨越民族的藩篱，建立起统一的超民族共同体。前文提到的罗马帝国，就统治着埃及、美索不达米亚平原、小亚细亚、高卢、希腊、伊比利亚、大不列颠、北非等广大区域。为了防止发生叛乱或者地区间的战争，帝国在统治范围内努力构筑“罗马治下的和平”。这也是一个帝国得以维持下去的基本要素，即有能力维护帝国疆域内的和平，以便维持经济增长，同时保障共同体内的人民过上安稳的生活。只有当一个帝国能够维护和平与繁荣的发展势头，帝国之内的所有民族才会愿意接受帝国的统治，并与之协作发展。

帝国建立之后，会实施很多政策及制度来扶持共同体内各民族的发展，以获得各民族对帝国的拥护。由于地域广大，帝国只有在统一货币及度量衡之后，才能让商业繁荣发展，让每一位成员获得实质性的利益。下一章里所提到的中国的秦、汉等朝代，都曾发行品质上乘的货币，整修地域内道路以便连通帝国的各个角落，同时还实施了很多促进经济发展的政策。此外，统治者还注意保护农民的土地不被地主霸占、减轻穷人的税赋、稳定民众生活等。第 3 章中所讲述的拜占庭帝国也同样实施了保护农民及穷人生活的政策。而且，拜占庭帝国还建立了当时相对公平正义的法制体系，用以保护民众生活，提高他们的生活水平。这些都是帝国政策中一些具有代表性的例子。

要想建立起一个强大的多民族帝国，还有一个不可或缺的要素就是注意防止差别待遇，即帝国对本民族外的其他民族不能有所歧视，更不能进行压榨与剥削。第 3 章

日本殖民统治朝鲜时期西大门监狱的各种拷打刑具（左）以及在东京留学的朝鲜学生（右）

人头税

一般来说，无论性别、身份或收入如何，每个居民都要缴纳的一种税赋及其制度。

中所提到的阿拉伯帝国，虽然以伊斯兰教为国教，但对于那些不信仰伊斯兰教的民众并没有进行差别对待，只是增加了一个名为“人头税”的税种。而且无论哪个民族的国民，只要改信伊斯兰教的话，都可以在帝国内身居高位。同样，第 3 章中所提到的中国隋、唐两朝，在国家选拔人才的考试——科举考试中规定，只要有能力，不论身份高低贵贱，任何人都有机会跻身高位；统治者希望所有民族的民众相信，他们与建立起帝国的民族一样具有平等的竞争机会。第 4 章中的蒙古帝国对其他民族的征服过程并不和平，但在占领了阿拉伯国家的领土之后，也能够尊重当地的宗教与文化，并把当地的优秀人才吸纳进自己的权力阶层中来。

在帝国的建立过程中，那些没有受到残酷的镇压、剥削以及差别化待遇的民族，会在帝国建立起来的有序、和平的环境中继续生活。在强大的帝国政府的努力下，那些难以施行的政策最终都得以推行，各民族人民的生活也逐渐改善。人们会慢慢相信，随着帝国的振兴强大，自己也能够从中得到相应的利益，从而逐渐融合为这个多民族共同体中的一员。

融合与交流

建立一个拥有多民族的帝国，实际上就意味着建立了一个由多个主体通过各种复杂关系连接到一起的巨大贸易网络。帝国内部统一货币，并把它发行到各个地方；整修道路，使帝国内部各个商业主体都能被连接到帝国这个庞大的贸易网络中来；规定官方语言，统一语言文字；支持教育，鼓励出版，促进整个帝国的知识传播。当帝国内部各个地方交流畅通，文化与艺术繁荣，整个帝国也就充满了文化气息。当帝国内部的多民族被各种复杂的关系结合到一起之后，帝国的中心区域（主要是首都）就会成为一个各种不同经济体彼此进行贸易往来的大贸易网络。

首先从工商业领域来看，帝国各个地方被连接为一个大的贸易网络之后，人们就可以很便捷地以低廉的价格买到各种商品。在这之前，人们要去这个行省买鞋子，去那个郡县买帽子，非常不便。现在，人们在首都就可以同时买到鞋子和帽子。享受到这种便利生活的人们开始希求购买更多商品，以更低廉的价格买到更优质的商品。认识到这一情况的商人们从各个地区蜂拥而至，首都就自然而然变成了一个巨大的市场，最后成为商业中心。这使得人们逐渐认识到，去那里的话，东西想买多少有多少，想要怎样的价格就有怎样的价格。这个时候，通向帝国首都的道路都已经竣工，首都的商业氛围已然形成，对于商人们来说，没有比首都更吸引人的地方了，帝国的商业也随之发展起来。当帝国各地的资源与原材料源源不断涌入首都，并在那里得到工业化加工（比如把黄金加工成货币，用棉线织成衣服，用调味料加工出咖喱饭），那么，帝国的首都就不再仅仅是单纯的商业中心了，它会逐渐升华为帝国经济发展的核心区域。

文化也是以相同的模式向帝国的首都输送。文化产业需要很多的购买者以及评论家；购买文化产品的人也同购买其他商品的人一样，希望自己的消费需求尽可能得到满足。因此，帝国的首都开始建造各种演出设施，文化创造者都会聚到帝国首都生活，以便为文化作品创作活动提供支持。消费者在这里可以消费更多的文化产品，帝国的财富也随之与日俱增。而且，文化的作用不仅仅是单纯的财富创造。在共享同一种文化的过程中，帝国内原本不同的民族开始形成同一种身份认同，逐渐建立起相同的文化自信。文化在帝国民族间的相互融合方面起着非常重要的作用。

在知识方面，帝国统治者统一语言文字，出版书籍，使知识广为传播，帝国内部学习知识与技术的人逐渐增多。当拥有不同知识与技术的人走到一起，并互相学习、

共同交流的时候，知识与技术就获得了更大的发展。现代的我们可以通过网络与地球另一边的网友进行交流，但那个时候的人们，能够聚集到一起互通有无十分难得，而这是知识得以传播的最佳捷径。当时的许多帝国建立教育机构，开办学者可以自由活动的各种学院。那些希望能够学

习知识的人，自然就都聚集到这样的地方来。这种各种知识汇集的中心城市，在帝国发展所需要的知识及技术储备方面做出了非常重要的贡献。

从以上内容我们可以看出，帝国得以建立的力量主要来自帝国民族所具有的凝聚力。许多帝国的目标是通过建

不灭的神话——波斯帝国

波斯帝国是以伊朗高原为中心发展起来的强盛帝国，当时东方世界中很多繁荣城市都在它的疆域之内。波斯帝国的疆域向西涵盖了美索不达米亚平原的巴比伦与亚述，一直到地中海区域；向西北经小亚细亚半岛、希腊东北部到马其顿；向西南经阿拉伯半岛北部与埃及一直到北非；向东经过今天的阿富汗地区一直到巴基斯坦。

伊朗高原是由印度板块、阿拉伯板块及亚欧板块相互碰撞产生的，地势较高，山脉较多。从卫星图像上来看，青藏高原与喜马拉雅山脉向西延伸，在巴基斯坦与阿富汗地区形成高耸的山脉，在伊朗东部国境线附近地势渐缓，形成了伊朗高原。这一地区大部分都属于干燥的大陆性气候，冬冷夏热。

波斯帝国的疆域

公元前500年左右，波斯帝国统治的疆域涵盖了巴比伦、埃及等多个具有灿烂古代文明的国家与地区，达到鼎盛。当时，波斯帝国的势力范围覆盖了地中海、黑海、里海、咸海、红海、印度洋等区域，领土与印度、阿拉伯、北非、中亚、希腊等国家和地区接壤。

让我们想象一下，假设我们是第一次踏上伊朗高原的古代人。我们想找一块适合耕种的土地，并期待可以在那里安家，建一座村庄。哪里比较合适呢？在伊朗高原这种多山、降水量少的地区，要想耕种，当然要找那种被称为“洪积扇”的地形才比较适合。所谓“洪积扇”，就是山地与平缓的平地交界的地方。在这样的地方，山地被流水侵蚀，流水携带的泥沙会逐渐沉积下来，形成扇形的广袤平原。因此，这样的地方很适合人们定居下来进行农耕生活。而且，这样的地区通常有江河流过，地下水资源丰富，未来会是一块生机勃勃的土地。

波斯帝国就建立在伊朗高原西南边的一片洪积扇平原上，波斯人在这里定居并建立起自己的国家。他们在这里建立了帕萨尔加德及苏萨两座城市。公元前 7 世纪，波斯在原来以帕萨尔加德为首都的阿契美尼德王朝的基础上不断向外扩张，建立起帝国，因此波斯帝国也被称为阿契美尼德王朝或者阿契美尼德帝国。在阿契美尼德王在位的时候，波斯帝国还没有如此广阔的疆土和至高无上的权力，反而是北方的米底王国被看作当时伊朗高原上最强大的帝国。因此，这一时期，处于米底王国、巴比伦王国这两个文明世界强国与东北部游牧民族之间的波斯，正在逐步形成自己的民族共性并积蓄凝聚力。

波斯不死军

不死军士兵在国家仪仗队中行进的场面，可见气势与众不同

德王朝之后，伊朗高原上的许多国家依旧保持着这种只使用本民族出身的士兵的传统。在守卫帝国的军队中，接受最高水平训练、食用最好的食物、持有最锋利兵器的精锐部队通常是由建立帝国的本民族士兵来充当。这种实例在后来的罗马帝国以及中国等许多帝国军队之中都可以找到。

以本民族士兵为核心组成精锐部队，正是利用民族自身凝聚力及民族精英来建立和发展帝国的指导思想在军队建设方面的实际体现。换言之，帝国建立民族的凝聚力，正是通过精锐化的帝国军队来体现的；而军队也是帝国得以建立、扩张及维持下去的力量源泉之一。波斯帝国显然曾经拥有本民族人民组建的精锐部队，他们在波斯帝国的各种征服战争中显示出强大的力量。

第二，如前文所说，不死军的士兵数量始终准确保持在一万名。这个数字接近于当时生活在希腊斯巴达的所有市民的总数。在这一万名精锐中，如果有士兵死伤，立刻就有新的士兵来填补这个空缺的位置。这就意味着当时的波斯军队始终维持着高水平的训练以及严明的纪律，同时还拥有优秀的武装预备役。概括地说，波斯帝国当时的精锐部队人数相当于一个城邦国家的人口总数；同时，它还为军队配备了相当数量的后备军。这一万名不死军，可以看作当时波斯帝国整体军事水平的一个缩影。

波斯帝国通过打造不死军的方式把本民族的凝聚力彻底转变为强大的军事力量，先后征服了米底、巴比伦、亚述、吕底亚等国。到公元前 500 年左右的大流士王时代，就像前文所说的那样，波斯帝国统治了东至印度河流域、西及埃及的广大区域。波斯帝国不仅在领土上横跨很多疆域，同时它的民族构成也非常多样化。除了本民族波斯人之外，还有米底人、埃兰人、巴比伦人、亚述人、吕底亚

波斯帝国通过这种平等、宽松的总督制度，实现了多个民族的大融合；同时，它也使得波斯帝国巨量的知识与财富最终都流向了波斯人所在的城市。为此，帝国还建设了能够输送人员与物资的道路，马匹也被广泛用作交通工具。总督还有一项重要任务，那就是负责这些道路的维护及修缮。此外，波斯帝国还铸造了货币，并大力推广流通。

波斯帝国在鼎盛时期所拥有的财富、知识与文化，其规模之巨不可想象，以至于当时的大流士一世做了一件人类史上绝无仅有的事，那就是在一片旷野上建立一座新城。他集合了波斯帝国的财富、知识、文化，在距离原首都帕萨尔加德不远的地方新建了一座名为波斯波利斯的大城市。在大流士一世在位时期，波斯波利斯和帕萨尔加德、苏萨等城市都成为大都市；米底王国曾经的首都埃克帕坦那也迅速发展起来。当时帝国的上流社会人士都穿着用黄金装饰的服装，佩戴精美的金饰，就连普通百姓也富裕起来。

波斯帝国凭借各民族的凝聚力以及灵活实用的政治制度，汇聚了大量的财富、知识与文化，统治者期待着波斯帝国能够永远不朽。但是，波斯帝国没能不朽，它为马其顿王国的亚历山大大帝所灭。亚历山大大帝的军队毁坏并掠夺了都城波斯波利斯。

才一步步获得成功的；最终罗马帝国不断发展壮大，而且其统治维持了非常长的时间。

与其他帝国一样，罗马帝国建立的初期也非常艰难。最开始，罗马是由七个山丘上的村落发展起来的。从公元 3 世纪环绕着罗马七丘建立起来的奥勒留城墙的遗址来看，罗马城的面积大约是 13 平方千米。在这七丘的西边，是台伯河的下游，非常适合农耕定居生活。我们只要把台伯河想象成平时常见的家门口的小河就够了。罗马城作为帝国的首都，面积也太小了吧？不过，当时的城市确实都是如此，城市规模不可能大到当时的居民走一天也无法走到目的地的程度。如果当时的罗马人乘坐时光机穿越到如今的大都市来，估计他们会大吃一惊，甚至吓晕过去吧。

罗马城是由意大利半岛的拉丁人于公元前 753 年左右建立的。随后的几百年里，罗马城的规模逐渐扩大。就像之前的波斯帝国一样，罗马帝国也是在强国环伺的夹缝中艰难成长起来的。公元前 600 年左右，意大利半岛上主要有罗马西北部托斯卡纳地区（今天的佛罗伦萨所处的意大利中部西海岸）的伊特鲁里亚人，还有包括罗马人在内居住在半岛南部和东部的意大利人。当时，意大利半岛上的强者是伊特鲁里亚人。他们把本民族文化与希腊文化相融合，形成了比意大利文化更高层次的文化。而生活在罗马

古代的罗马城

在这座“七丘之城”中，罗马人逐渐培养出本民族特有的民族性及凝聚力

的当地人，在与伊特鲁里亚文化的各种竞争中逐渐团结到一起，他们最终成为罗马民族。罗马民族努力克服了社会内部的各种矛盾，创立了统一的政治、社会、经济制度，最终发展成为帝国民族。罗马民族所创立的这些政治经济

帝国的建立打下了良好的政治基础。

最能体现罗马人凝聚力的地方便是罗马军队。罗马人把服兵役作为所有公民必须履行的最高义务。罗马人只有在服兵役之后，才具备了加入公民大会，即成为“公民”的资格。罗马人的凝聚力在这种“罗马人必须守卫罗马”的观念中得到了很好的验证。同时，罗马公民兵服役的年限将近 20 年。因此，罗马公民兵每一个士兵的军事训练水平都非常高，而且实战经验丰富；在指挥官的正确领导下，部队以 100 人为一个编队，充分发挥共同作战能力，随时可以有战术地、有效地投入战斗（也就是说，罗马军队不是依靠个别士兵勇猛杀敌，而是依靠士兵间的相互配合整体作战）。

罗马人以这种公民兵为基础，与伊特鲁里亚人勇敢战斗，最终在共和政体确立约 100 年后跨过台伯河，占领了伊特鲁里亚人的重要城市——维爱伊。此后，罗马逐步占领了意大利中部的土地与重要农地，建立起自己的商业与交通网络，慢慢发展为意大利半岛上最强大的国家。

但是，还有一个危机在等待着罗马。从北面南下越过阿尔卑斯山长驱直入的高卢人占领了意大利半岛北部，直接威胁着罗马的安全。高卢人甚至一度占领了罗马城并烧杀掠夺数月之久。这对罗马民族真的是一次很大的打击。在强大的外敌面前，他们变得更加团结。曾经因贫富差异而导致的社会矛盾反而因为外敌入侵得到缓和。尤其是罗马保民官李锡尼和塞克斯提乌斯所制定的法律，曾帮助很多平民大幅减少债务，抑制贵族大量侵占土地，保障多数平民拥有自己的农地，甚至还规定两名执政官中必须有一名是从平民中选出。

此外，高卢人的入侵，还迫使罗马民族认识到仅凭一己之力对抗外族入侵非常艰难，需要争取罗马民族以外的意大利人的支持与帮助。罗马军队并没有向高卢人所在的

星河战队与公民权

美国的科幻作家罗伯特·海因莱因的小说《星河战队》（1959）讲到了在未来的地球人与外星人的决战中，只有为地球拼死战斗的人才有资格成为地球上的公民。这本书中把地球暗喻为过去的罗马帝国，它使得美国人在阅读过程中开始重新反省美国霸权主义行径并深受启迪。这也从侧面证明了罗马帝国的公民精神对于今天的我们依旧具有很大意义。

罗伯特·海因莱因的《星河战队》

北方进击，而是直接向意大利南部的城市进军。而且，在当时的罗马军队中，一部分士兵直接归罗马人自己统率指挥，另外一部分士兵则拥有自治权，这一点得到了罗马官方的承认，他们只有在战争需要时才与罗马士兵协同作战。认可并尊重被征服地区的自治权并与之缔结唯一的协作关系，这种扩张方式在日后罗马帝国扩张的过程中逐渐成为一种主要的方式，并为后来建立的许多帝国提供了范本。

罗马人最终统一了意大利中部地区，并将半岛南部纳入自己的统治范围。他们占领了希腊，使之成为自己的殖民地，并且成功阻止了高卢人的入侵。罗马人以统一的意大利半岛为基础，接下来又把目光投向了更远的地方。他们希望能够与比自己更发达的地区进行更多的贸易往来，打通地中海海上贸易之路，罗马人的帝国梦想至此彻底拉开了帷幕。

公元前300年左右，罗马把目光转向了地中海地区。地中海地区西部海岸的统治者是以迦太基为中心的腓尼基人。迦太基位于今天的北非突尼斯海岸地区，作为当时的一个海洋城邦，居民多以海上贸易为业，生活非常富足，当时统治着意大利半岛以南的西西里岛、以西的撒丁岛以及伊比利亚半岛南部海岸地区。

罗马人原本并不擅长海战，但他们通过努力很快就掌握并超越了迦太基人的造船技术。罗马海军就像后来的加勒比海盗那样，使用登上敌船近距离展开肉搏战的战术，逐渐成为当时海战中的强者。在公元前264年开始的第一次布匿战争中，罗马与迦太基两国为了争夺西西里岛的统治权展开了数次海战。公元前218年，在伊比利亚半岛上，迦太基的汉尼拔将军率军翻越阿尔卑斯山进攻罗马，引燃了第二次布匿战争。汉尼拔率军在罗马的坎尼城大败罗马军队，几乎让罗马覆灭。但汉尼拔的军队远征而来，战斗力还没有强大到足以灭掉罗马的程度，又没有获得意大利半岛其他国家的支持，这些因素使得迦太基最终没能彻底灭掉罗马。假如这之前的罗马曾对意大利半岛的其他城邦实施过残酷压迫与统治，使他们痛恨罗马的压榨与剥削，那么战争发生时，这些城邦就很可能选择与迦太基的汉尼拔站在一起。但这种情况并没有出现，罗马与各个城邦团结平等的政策发挥了关键性作用。

布匿

“布匿”是“腓尼基”一词的罗马式发音。迦太基系腓尼基人的殖民地。

换句话说，意大利半岛的这些城邦与罗马的关系，还没有到迫使它们投靠迦太基的程度。就在这时，罗马的大西庇阿将军率领罗马军队进军北非，迫使汉尼拔回守迦太基。最终罗马人的军队击败了汉尼拔，迦太基帝国彻底投降。为了防止迦太基帝国积聚势力东山再起，公元前 146 年，罗马人彻底焚毁了迦太基城，把迦太基城所有市民掳为奴隶。后来，罗马又向西西里岛派遣总督，把它变成直属领地。

罗马在与迦太基帝国展开战斗的同时，也在与希腊作战。当时，希腊半岛上最强大的国家是亚历山大大帝统治

迦太基港

雄伟美丽、设计科学的迦太基港的复原图，向我们述说着当时位于地中海地区的迦太基帝国曾经的辉煌。在复原图中，我们可以看到，中间的圆形构造是迦太基战船停靠的场所。圆形构造延伸出去的场所，是当时商船可以停泊的地方。在圆形结构之内，可以同时并排停靠 200 多艘有桨战船。

迦太基港口复原图

的马其顿王国。在第二次布匿战争发生时，马其顿与迦太基组成联盟，意在牵制对地中海霸权虎视眈眈的罗马。公元前 168 年，罗马军队在希腊中部以东的彼得那击败马其顿大军，使得马其顿王国走向没落；公元前 146 年，罗马大军焚毁柯林斯，并把城中所有居民变为罗马的奴隶。到这一时期，罗马基本上实现了对地中海地区海上贸易的全盘掌控，把地中海地区的财富与知识集合为一个大网络，而罗马就居于网络的中心，成为名副其实的强大帝国。

罗马完成了对地中海地区的征服。为了进一步加强帝国的凝聚力，帝国统治者面临着许多迫切需要解决的问题。首先，在罗马国民与罗马军队中占大多数的平民——拥有少量耕地的贫苦农民及城市庶民——的生活难以为继，逐渐成为城市中的贫民。

既然罗马跻身帝国行列，为什么罗马的平民反而会沦落为贫民呢？这是因为罗马的贵族、名门望族以及大地主、将军（大部分情况下，罗马的上流人士往往既是贵族又是大地主，同时也是将军）拥有大量土地及奴隶；他们独占着农产品及各种货物的所有权，逐渐把没有大量耕地及奴隶的农民从竞争中排挤了出去。当时的罗马帝国有 100 万人左右，据估算，其中没有耕地的城市贫民超过了 30 万名。罗马只好从埃及和北非买进一些小麦，让这部分贫民充饥。

由于连年战乱，罗马在最初建立帝国统治的时候，整个社会乱成一团，几近崩溃。这一时期，罗马无法令国内的贵族与平民的愿望都得到满足，只能暂时先满足富人阶层的要求，同时不断购入充足的粮食来减少贫困阶层的不满。罗马国内的这种贫富差异及社会矛盾，使整个国家不断面临各种危机。格拉古兄弟因改革被杀，那些在民众中受到欢迎的将军把武器发给贫民，培养自己的军队。罗马

加图将军

加图（公元前 234—公元前 149 年）是曾与汉尼拔作战的罗马政治家及将军。在第二次布匿战争结束后，他在巡视迦太基及北非之后认为，迦太基很有可能东山再起，重新成为罗马的劲敌。于是在回到罗马之后，他举着一枚从迦太基肥沃土地上采摘的无花果游说元老院必须彻底消灭迦太基。在他和许多罗马人看来，迦太基不是罗马统治者合作的对象，而是必须消灭的敌人，是未来罗马帝国的有力竞争者。于是他们发动战争，把迦太基从地图上彻底抹去。

格拉古兄弟

兄弟俩都曾担任罗马的保民官，主张把农地还给罗马贫民以便他们谋生，因而遭到上流社会的敌视和反对。

的帝国统治依靠给民众以面包和各种竞技表演艰难地维系着。

此外，罗马帝国在帝国各民族融合问题上也遭遇挫折。意大利半岛上的许多城邦开始向罗马帝国统治者要求享有公民权。罗马帝国原来只给予本土罗马公民包含参政权在内的公民权，而对那些生活在罗马殖民地的人不给予参政权；在那些与罗马缔结同盟关系的城邦生活的人，只有自治权。因此，意大利半岛上的许多城邦要求公民权，其实是在要求帝国统治者承认自己也属于拥有同等权利的帝国民族。

对此，罗马统治者决定承认意大利半岛内的所有城邦的平民与贵族都拥有公民权，并期望借此增强各民族的凝聚力。这种公民权的扩大，在促进罗马的民族融合方面起到了非常积极的作用，同时也使得罗马的军队获得了更多的储备力量，军事能力得到了加强。但同时，这样的做法也使得罗马需要养活的公民越来越多。随着公民权给予的范围不断扩大，罗马需要征服更多的地区和城邦，以便获取更多的资源。

在这一过程中，罗马的外部冲突与社会矛盾越来越尖锐，开始摒弃原来的政体，把财富与权力集中到一个人手里，以此来压制社会矛盾，并继续进行对外扩张。罗马开始由原来的共和政体向罗马皇帝施行帝政统治过渡。帝政下的罗马帝国实际上与原来共和体制下的罗马共和国没有太多差别。罗马皇帝相当于原来的执政官和保民官的结合体，他必须采取多种社会政策弥补罗马社会因为贫富差距导致的裂痕，并通过发动对外战争去掠夺新的财富。在罗马实行帝政统治后期，罗马皇帝开始有意识地借基督教来对分裂的社会族群进行整合。在帝政时期，罗马帝国持续扩张，向东到达伊朗高原，向北到达今天的罗马尼亚与英国，向南扩张到撒哈拉沙漠，逐步发展成为一个庞大的帝国。罗马的贵族们尽情享受印度的各种香料以及中国的丝绸，贫民则依靠从埃及运来的小麦度日。希腊哲学孕育出的斯多葛学派及伊壁鸠鲁学派则为罗马人提供了丰富的精神食粮。

罗马帝国汇聚了地中海地区大部分财富与物资、技术与文明，为人类历史留下了许多璀璨的遗产。水道桥就是向我们展示罗马文明技术水平的一个实例。如果让我们来设计罗马的供水系统，我们会怎样做呢？尤其那是在距今 2 000 多年

斯多葛学派及伊壁鸠鲁学派

经常被视作禁欲主义流派的斯多葛学派认为，“人的一生最重要的是有意义”，而未来被视为享乐主义起源的伊壁鸠鲁学派则认为，“人生中最重要的事是获得快乐”。

以前。那个时候是不可能像现代这样在地下挖渠铺设管道的。怎么办？当然，我们可以考虑在每个小区建造一个蓄水池，然后在每条街道都铺设管道来送水。但是，我们没有办法让蓄水池的水始终保持洁净；即使在管道里铺满方砖，也很难防止下雨的时候泥土流入甚至堵塞管道。就算我们能够在罗马周边利用地势的倾斜引入水流，但要想把水输送到罗马各个街道也是一件非常困难的事。同时，居民与动物的排泄物也很容易对供水造成污染，既不卫生，也有可能引发传染病。

那么，把水渠架设在高处怎么样？如果从水源地到罗马之间架设起空中水道来送水的话，那不仅一年四季随时都可以有干净的水源使用，而且还可以很快捷地就把水输送到罗马市内各个地区的水塔中。如果水道内的水流速过快的话，时间长了会损坏水道；如果水流速度过慢的话，又容

罗马帝国的疆域

以罗马为中心，先征服了意大利半岛，然后从布匿战争开始逐步征服了西西里岛、北非、希腊、伊比利亚半岛等地。在共和政体后期，又占领了高卢、叙利亚、埃及；在其全盛期时，还曾统治巴尔干半岛及美索不达米亚平原大部分地区，势力范围甚至远达大不列颠岛及波斯湾地区。2 世纪左右，罗马帝国完成了对地中海地区的吞并。

罗马帝国对各行省的统治方式

从罗马帝国对其行省的统治来看，统治者首先考虑的方式是融合与协作。除叛乱之外，罗马帝国很少会处死自己统治的国民。罗马帝国的统治者尊重各行省居民的宗教信仰，重视当地的传统与节日。尤其对于东方的行省，给予当地很大程度的自主权。也正因为如此，从属于罗马帝国的犹太教宗教领袖以及国王才能够保有原有权力，埃及王室也才能够继续拥有其荣耀。

耶稣被处死的过程很好地展示了罗马帝国在行省统治政策方面的特点。基督教的《圣经》告诉我们，耶稣当时先被带到了犹太公会接受审判，然后被判定阴谋背叛罗马，所以被上报到当时的总督彼拉多那里。彼拉多把耶稣交给了犹太国王希律王审判，但希律王又把耶稣送回给彼拉多。彼拉多最后判耶稣死刑。这时恰逢犹太人的节日，彼拉多尊重逾越节期间可以释放一名死刑犯人的传统，询问犹太人赦免哪个犯人比较好。但人们一致要求释放别的犯人，而不是耶稣。彼拉多无奈之下宣布这可不是他杀死了耶稣。由此看来，当时罗马帝国的执政者在一定程度上还是能够尊重行省的司法权力及其居民意志的。

安东尼奥·奇塞里的作品《你们看这个人》(1871)，描绘了戴着荆棘冠冕的耶稣

罗马的水道桥

水道桥是罗马人用砖砌起来的架设在空中的供水管道

易在拐角等处停滞变质；因此，罗马人必须确保水道的倾斜角度适当，使得水能够以合适的速度流动。那么，如果遇到山脉或者山谷怎么办？遇到山的话就把山打通；遇到山谷的话，就垒建两重或者三重足以支撑送水管道的柱子。

公元前 4 世纪，罗马的阿庇亚大道开始修建。这条大道四通八达，可以通向帝国的每个地方。阿庇亚大道的修建使得罗马帝国的军队、物资以及人口运输变得容易多了。同时，罗马帝国雄厚的财力与技术使得奥斯提亚能够建成既可以抵御风浪又抗寒冷的奥斯提亚港。这项工程在建设中，很大程度上依靠了当时来自希腊的被解放的奴隶，他们拥有许多专业知识，使得这项工程最后能够顺利完工。经由奥斯提亚港，地中海地区的财富被运送到了罗马，罗马平民冬天赖以糊口的埃及小麦也经由这个港口源

源不断被输送进来。此外，像罗马竞技场这样雄伟的建筑还有很多，它们是罗马帝国曾经强大的最好见证。

但是，罗马帝国最终也同样走向了解体。逐步没落的罗马帝国遇到越来越多的艰难考验，尤其在日耳曼民族的不断进攻下，罗马帝国最终走向了灭亡。它的结局向我们证明，世界上没有哪个帝国会在战争中永远获胜并不朽。但是，罗马帝国在最初的逆境中展示给我们的全体国民的强大凝聚力，在今日依旧夺人心魄，让我们无法不对它产生敬意，并以之为范本加以借鉴和怀念。

纵横天下的帝国——汉朝

中华大地上诞生的帝国与世界上其他地区的帝国相比，有相同点，也有不同点。中华大地上的帝国，一方面同样是以具有强大凝聚力的民族为主，在与其他民族相互融合、共同发展的过程中积累了巨额财富，同时，在文化、知识等方面也获得了飞速发展。另一方面，在这片土地上建立起的帝国，核心疆域从历史上来看始终在不断变化，这也是这里所出现的那些帝国的一个鲜明特点。也就是说，如果要研究各个中华帝国的发展史，我们不是去关注建立帝国的某一个具有凝聚力的民族，而是要关注许多个不断发生更迭的帝国民族。但有趣的是，这些帝国民族虽然不断改变，但中华大地上的这些帝国的凝聚力及团结力却一直在延续。

人类的世界从人类历史形成早期开始，随着岁月更迭，逐渐成为一个越来越复杂、越来越庞大、越来越强韧的网络体系。而中华网络体系的核心是那些能够在肥沃农田上种出无数大米、花生、小麦以及各种蔬菜的农民，是他们组成了中国社会中无数牢不可破的共同体。除了农民，还有那些用商业与贸易把这些共同体连接起来的中国各个城市里的商人。我们可以说，中国社会既是一张用农业和商业连接起来的复杂的、牢不可破的巨大网络，也是拥有无数粮食与财富、文化与知识的巨大宝库。

有这样一个庞大的网络体系支撑，中华大地上曾出现过许多强大的王朝，也曾有许多民族成为这个网络体系的受益者，并为了占据这个网络体系的顶端而不断进犯中原。由根基坚实的农村以及充满活力的城市文明共同组建的中国政治体系，即使在中华大地经历政权更迭甚至异族入侵时，也能够帮助中国社会保持平衡，而不致分崩离析。正因为如此，历史上中国遭受入侵时并没有一蹶不振，反而在原有核心体系的基础上，与外来文化互相交融，大放异彩。同时，它还能够把新的民族或文化引入中华文明中来，使得原本的网络体系变得更加丰盈且繁杂。

古时中国人曾希望能够在中华民族和外族之间画条分界线。他们十分警惕“蛮夷”的动向，修筑万里长城，希冀能够保护中华大地远离外族入侵，并一直维持不变。他们之所以曾如此希望把中华文明与野蛮世界清清楚楚地分离开来，主要还是为了守护整个国家蕴藏着的经济财富及稳固的社会组织。但中原人并不一概排斥周边的少数民族，在融合和发展中，多数时候各民族在这片广阔富饶的土地上共享幸福生活。

中国的疆域随着朝代更迭一直在发生变化。古时中国人常说“天下”，就是指中国或整个世界，也指黎民百姓。在中国的价值评价体系中，“平天下”既有“平定天下”之意，也有令百姓安居乐业之意，是体现中华民族凝聚力的最高理想之一。

中国人爱用的“天下”一词在商朝时期就已出现。公元前2000年左右，在被中华民族看作母亲河的黄河下游出现了几个城市。这几个城市是因生活在黄河下游的农民以及西北部山中依靠打猎生活的猎户们互相交换生活用品而逐渐形成的。商朝把这些城市并入自己的管辖区域，这一时期的商朝，其国民的核心构成就是当时的一些狩猎民族。

由此可见，中国从其历史萌芽初期开始，就一直带有多民族共同体的特征。而把这些民族聚集在一起的力量，

是黄河流域发达的农业生产力、黄河附近城市里繁华的商业网络，还有以汉字为代表的中国文化的凝聚力。尤其是汉字，它后来成为文化利器，对其他民族和文化产生了很强的吸引力，对中华民族文化自信心的形成起到了决定性作用。

公元前 1046 年，西部的周人灭商，建立起周朝，并扩大了中国的版图。周朝的统治者为了让疆土更广阔，对自己所征服的各个地区掌权者的既有地位给予认可，然后

甲骨文

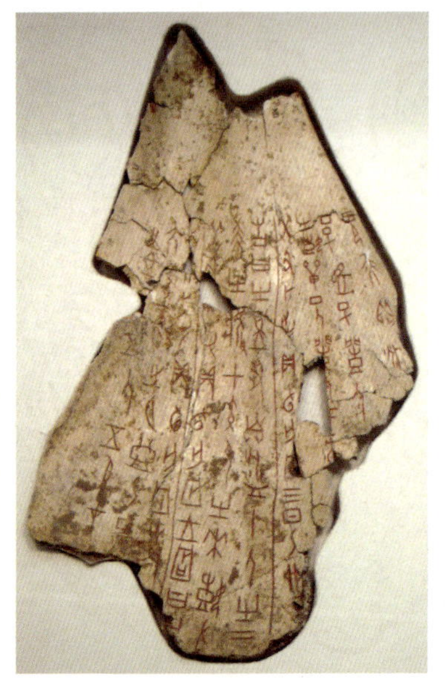

殷墟出土的兽骨，其上文字为甲骨文。殷墟位于今天中国的河南省，曾经是商朝的都城，历史悠久。甲骨文是迄今为止中国所发现的最古老的文字

与他们确定主从关系。除此之外，统治者还为宗室成员分封土地，令他们巩卫中央。这一系列举措把国家整合得更加强大。但在北方游牧民族的攻击下，周朝最终还是走向了衰落。随着周朝的中央统治越来越软弱无力，地方诸侯权力越来越强大，周朝的疆土最终四分五裂。这些分裂的小国相互吞并，开拓疆土，使得中华大地的版图变得更加辽阔。最终，在中华大地上出现了秦、楚、齐、燕、赵、

魏、韩七国，它们一起构成了当时中国人所谓“天下”的主要部分。

这七国后来被世人称为“战国七雄”，它们之间互相兼并争斗，同时又展开交流与协作，以错综复杂的关系一起伫立于中国的版图。这一时期被称为中国的战国时期。

从西周后期到战国时期，中华大地逐渐演变成为一块丰饶的文化沃土。这一时期出现了以孔子、孟子为代表的儒家，重视法治的法家，提倡兼爱的墨家等诸子百家，其思想哲学互有异同，如百花齐放。儒家的思想以“仁”“义”等价值伦理为中心，建立起中华民族初建时期的民族共同体价值体系。同时，管理这个民族共同体的各种官僚制度以及政治体系也逐渐建立起来。

战国时期，七国的统治者都曾梦想一统天下，聚全国之力建立起一个统一的强大帝国。而真正实现这一梦想的人是秦国的国君嬴政。嬴政推崇诸子百家中的法家思想，也重用法家的人才。因此，嬴政治下的秦国的官僚体系是非常高效的，简而言之，就是政府应该具备的功能都具备，需要规避的功能都能有所规避。而且嬴政利用法家思想整顿吏治并革新社会制度，使得国力大大增强；同时，他还注意强化军队作战能力。从公元前246年嬴政即位到公元前221年，他的大军灭掉了其他六国，一统天下。嬴政成为始皇帝（第一位皇帝），史称秦始皇。

统一七国之后，秦始皇开始努力把原本分裂的七个国家整合为一个强大的帝国。他重视法规与制度，把全国的行政区域划分为郡与县，统一了原本不同的文字，修建道路，统一度量衡与货币。这一时期，大量政策在制定初期是为了加强统一与民族融合。秦始皇一边致力于构建全国畅通的商业网络，一边努力把原来其他六国的各种资源引入秦都。

此外，秦始皇还热衷于不断扩大原有的疆域。在他的带领下，秦国逐渐成为一个强大的帝国。秦始皇扩张领土的战场主要集中在中国的南部地区，也就是今天的广东省和广西壮族自治区等地，并把中国的统治势力一直延伸到中南半岛北部。为了驱逐时常来犯的侵略者并打开西部地区的贸易通道，他向西北攻打匈奴，扩张了帝国的领

战国七雄

公元前 3 世纪左右，周王室衰微已久，以都城洛邑为中心，逐渐形成七雄分立的局面。中国的版图上，在黄河下游附近有赵国和燕国，西部有秦国，南部有楚国，等等。这几个国家文化上各有差异，但它们都是中华文明影响下的国家，被视为属于同一文化圈。

地，并修建了阻断异族入侵的万里长城。

万里长城

据考古推测，秦始皇的“万里长城”实际上为5 000余千米。这也从侧面让我们了解到当时秦国的国力是如何强盛。

但是，秦始皇的帝国并没有维持很久，随着秦始皇的去世，他建立的秦帝国很快土崩瓦解。这主要是因为虽然秦始皇所重视的法度能够帮助他统一中华大地，但在争取各民族人心方面，他做得却非常失败。对于反对自己的势力，秦始皇毫不留情地进行镇压，从来不曾考虑适当地妥协或与他们协作。此外，秦始皇还大肆修建阿房宫、陵寝以及万里长城，强行征召大量农民去修筑，而那些出于各种原因没能按时完成工程的人，都会被毫不留情地残酷处决。

秦统治时期，统治者在建立民族共同体的过程中不懂得争取各民族的支持，只知道以法度及军队等强制力量来维持自身统治，其结果不言自明。秦统一初期，民众暴动不时发生，后来又发生了陈胜、吴广领导的大规模起义。懂得审时度势的各地义军纷纷揭竿而起，希望结束秦的暴政，成为这片土地的新主人。在这些人当中，最后获得胜利的人叫刘邦，也就是汉朝开国君主——汉高祖。

建立起汉朝的汉高祖，并没有大兴土木，而是把施政

王侯将相，
宁有种乎！

大楚

陈胜吴广起义

陈胜与吴广原本生活的地区属于今天的河南省。某一天，陈胜、吴广与其他 900 名农民被征发，一起去北边的渔阳戍守边境。但适逢大雨，道路被洪水阻断，不能前行。按照秦时律例，如果士兵们无法按时到达渔阳的话，全部会被斩首。思来想去，没有别的活路的他们决定起义。陈胜、吴广当时提出了“王侯将相，宁有种乎”的口号，带领反秦的百姓建立大楚政权。虽然他们的起义以失败告终，但陈胜、吴广的反抗精神此后一直是鼓舞民众反抗暴秦统治的象征。

汉高祖刘邦

秦朝灭亡后，为了把百姓从水深火热的生活中解救出来，也为了给人民休养生息的时间，刘邦一反帝国统治者的常态，开始实施无为而治的治国方针

重点放在了争取民心上，平复人们因为秦朝暴政及长久战争而产生的不满。高祖刘邦注意减轻百姓的赋税，让因为战争而流离失所的百姓回归故里，让那些因为穷困失去土地的农民重新获得土地。同时，刘邦把在灭秦战争中辅佐自己的七个人封为异姓王，给予他们广阔的封地，允诺他们可以在自己的封地征收赋税，其余的领土由自己沿用秦时的郡县制度进行统治。

汉朝跻身为帝国是从汉朝第七位皇帝汉武帝开始的。

汉武帝16岁登基，开始了暴风骤雨式的政治改革。到他70岁去世时的54年统治时间里，为了使帝国更加强大，他在许多方面都做了努力。在内部统治上，汉武帝弱化地方权力，加强中央集权，同时采取先进的经济政策，使国库越来越充盈。汉武帝施政过程中最值得注意的一点就是他心思缜密，比如，以前异姓王、同姓王的封地只有嫡长子可以继承，到武帝时期，他将其改成了所有的子嗣都可以继承封地的一部分。这样一来，他虽然没有对地方王权加以限制，却在无形中分散了地方王权，自然达到了牵制地方王权的目的。

此外，在经济政策上，汉武帝推行了均输和平准政策。均输和平准都是汉武帝为了直接管辖国家货物流通而推行的政策，这两个政策同汉武帝推行的其他政策一样，都取得了丰硕的成果。均输是指某些货品由国家统一征收、买卖和运输。平准是针对那些价格变化大的货品，由国家在价格低的时候以税收形式收购储备，在价格高的时候拿出来销售。

均输和平准政策为汉政府带来了丰厚的收益，还起到了稳定物价的作用，减轻百姓生活负担。这两种政策使得汉政府取代了原来靠这些货品迅速暴富的大商人的地位，抑制了大商人的权力，对农村社会的和谐发展起到了保护作用。这在当时真的是一石三鸟的有效政策。

通过这些改革，汉武帝巩固了自己的皇权，提高了中央政府的经济能力，安定了农村社会，同时加快了向外扩张的进程。汉武帝当时最热衷的开拓方向是中国西部。在西部荒凉的大漠之中，游牧民族匈奴一直不停地进犯中原，而且愈演愈烈。雄心勃勃的汉武帝一直向往着与匈奴人一较高下，彻底解决边患。为了争取同盟，汉武帝计划先同匈奴旁边的月氏国建立同盟关系。他派遣张骞出使月氏国，缔结同盟。于是，张骞穿过玉门关，开始了他的西域之行。

在艰辛的 13 年西域之行后，张骞回到祖国，出发时有百余名随从，归来时仅余一名。张骞带回了很多关于西域的消息。比如在西域，即今塔克拉玛干沙漠和青藏高原那边，有大片草原。在今印度北部及阿富汗和伊朗高原东北部，有许多国家。这些国家之间道路相通，最远可以到达遥远的美索不达米亚平原，甚至地中海地区。这是一条很长的贸易之路。沿着这条路，印度的佛教传入中国，中国人吃到了产自西域的葡萄。地中海和伊朗高原的黄金进入中国，中国的丝绸被运往西方国家。这就是著名的亚欧贸易网络——丝绸之路。

丝绸之路产生的巨大利润以及其他文明所带来的新鲜感，给了汉武帝及其帝国向西扩张的明确目标。汉武帝在位期间，一直与匈奴作战，争夺丝绸之路的控制权，同时与西边的月氏和安息互派使臣，并通过和亲加强彼此间的信任。

在汉武帝时期，还有一片非常重要的区域成了汉朝的疆土，即今天广西壮族自治区中的一片土地。汉朝称呼这个地方的人为“越人”。这里曾经归属中央王朝统治，也曾有过独立政权。汉武帝在这个地方设立郡县进行统治。

随着越人及其生活的地方融入汉朝，帝国在亚欧大陆的贸易网络上又向目标靠近了一步。这里有可以方便船只通行的港口，内陆的江河与海洋相通，运输货物非常方便。换言之，这里是海上交通要道。当帝国把近在咫尺的东南亚很快与自己的疆土连接起来之后，从百越出发，就可以经过东南亚到达印度，然后通过印度的海路，与伊朗高原、美索不达米亚平原、阿拉伯半岛和非洲连接起来，构成很大的贸易网，成为一条广阔的“海上丝绸之路”。

汉武帝带领着汉朝最终一步步发展成强大的帝国。在这一过程中，汉朝与亚欧大陆交通顺畅，罗马的黄金、欧亚草原上肥壮的马匹、印度的佛教与香料最终都进入了帝国。但是从政治制度方面来看，汉朝的制度并不够健全，这也使得皇室以及那些政客、官僚集体走向腐败。而且当时社会上贫富差距巨大，甚至危及帝国的统治。与此同

百越之地

曲折的江河贯穿桂林全境，最终流向大海。历史上百越之地的港口通向海上丝绸之路

时，匈奴一直没有停止对汉朝的侵略，甚至偶尔还会掌握主动权。汉武帝之后，帝国在风雨中岌岌可危，最终统治阶层无力回天，汉朝走向衰败，史称西汉。后来又出现了东汉。在汉武帝去世 200 余年之后，较大规模的农民战争此起彼伏，汉朝最终在那些梦想着成为这片土地新主人的军阀（董卓、袁绍、曹操、袁术、刘备、孙策）的混战中走向了解体。

曾一度驰骋天下的汉朝就这样走向了衰败。但中华大地上各朝帝国建立发展的漫长历史才刚拉开序幕。在下一章，我们还会遇到更为卓越的中华帝国的统治者。

阿卡德——最初的帝国

阿卡德帝国大约建立于公元前2300年，存在了近200年。在历史学家看来，阿卡德帝国是世界上最早出现的帝国。它曾统治着底格里斯河和幼发拉底河流域的许多城邦，全盛时期势力甚至达到了西北部的黎凡特地区。阿卡德帝国主要由闪米特人与苏美尔人构成，在其全盛时期还统治过东边的埃兰古国。

在底格里斯河与幼发拉底河流域，很早就诞生了人类最初的商业都市；它们拥有强大的军事力量和独立的政治权力。乌尔、乌鲁克、尼普尔、基什、西巴尔、拉格什、埃利都、阿卡德等城邦都曾像一个国家一样行使主权，互相之间进行交流或者竞争。这些城邦的民族构成彼此不同，北面的基什与阿卡德等城邦的主要居民是使用闪米特语的闪米特人，南面的乌尔、拉格什等城邦的居民则主要是由使用苏美尔语的苏美尔人构成。

人类最初的帝国——阿卡德帝国与其说是以某一

个民族为主建立的，还不如说是以某一个特定城邦为中心形成的帝国。其核心城邦当然是阿卡德。当时，在底格里斯河和幼发拉底河流域的城邦网络中，有着许多利于帝国诞生的条件。首先是当时许多城邦之间已经有了密切的交流往来，而且在交流过程中，闪米特人与苏美尔人有了许多共同点。比如说，当时的居民中，很多人都使用闪米特语说话，使用苏美尔语写字。阿卡德城邦最终在这样的基础上壮大为帝国。

阿卡德帝国建立初期正是许多城邦之间矛盾重重、陷入战争的时期。当时，人口密度已经达到顶点的各个城邦，为了养活更多人口、获得更多资源，不得不进攻其他城邦。最开始的时候，苏美尔人在这场竞争中优势较大，但最后的胜利属于阿卡德人的萨尔贡王。萨尔贡王在乌鲁克击败苏美尔人，建立起闪米特人与苏美尔人共同的帝国。

在与苏美尔人征战的过程中，萨尔贡王与他的阿卡德帝国努力保护苏美尔人发达的农业灌溉系统，使之不会受到破坏，并从苏美尔获得了大量的小麦与大麦。在充足的粮食供应下，阿卡德帝国人口不断增加，帝国军队的规模逐渐扩大。据史料记载，萨尔贡王拥有5 000余人的常备军。富足的粮食以及强大的军队，使得萨尔贡王不停地进行征战，甚至向西进军，深入地中海地区，向北到达赫梯人生活的险峻高山地带，向东则征服了埃兰。

帝国建立后，萨尔贡王所面临的最重要的问题就是如何使苏美尔人更好地融入帝国中来。他非常推崇苏美尔人的宗教，并把它树立为国教。他声称自己拥有苏美尔大地女神伊南娜（阿卡德语叫“伊什塔”）的支持，自己是苏美尔天空之神阿努的最高祭司，同时还是苏美尔造物神恩利尔的祭司。他还任命自己的女儿为恩利尔之子——南纳（阿卡德语为“辛”）的祭司。在萨尔贡统治时期，苏美尔人信奉的许多神祇成了整个帝国的宗教信仰对象，甚至在阿卡德帝国灭亡后，它依旧能够让美索不达米亚平原上的人们在精神世界里达成统一，并在这一地区始终保持文化上的同质性。

萨尔贡王统治了阿卡德帝国50多年。在此期间，阿卡德帝国内部经济复兴，人口增加，一派繁荣和平

世界最早的帝国元首——萨尔贡王（青铜头像）

的景象。但到了萨尔贡王统治后期，帝国各处开始出现反抗阿卡德帝国统治的叛乱。原本独立的那些城邦跃跃欲试、期望摆脱阿卡德帝国的统治。已是晚年的萨尔贡王对此进行了数次武力镇压。即使在他去世后，各地的反抗依旧在持续，阿卡德帝国的统治变得风雨飘摇。在阿卡德帝国建立近200年后，帝国的王权弱化到了无法继续维持统治的程度。最终，摇摇欲坠的阿卡德帝国在扎格罗斯山脉中的游牧民族——库提人的进攻下解体灭亡。

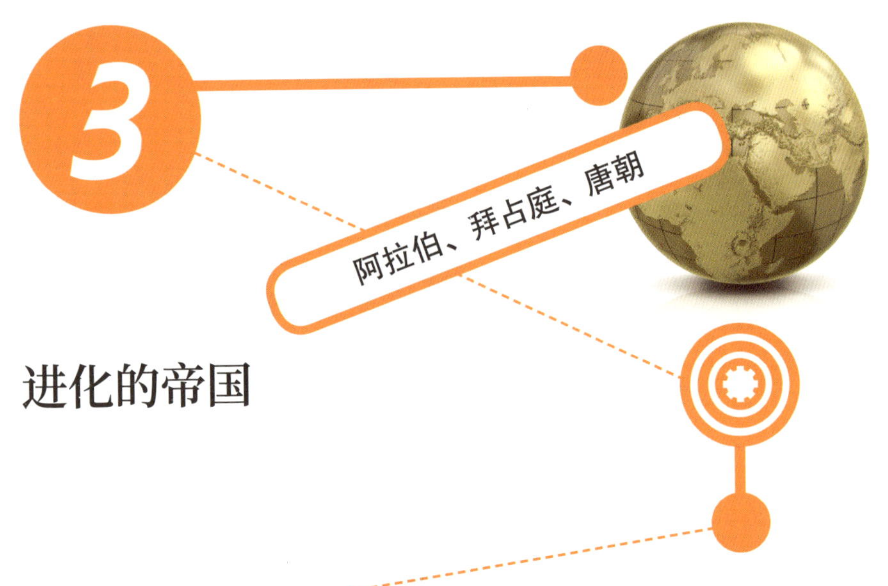

进化的帝国

从罗马帝国解体到蒙古帝国建立，这数百年间，世界各地曾出现过许多个帝国。在这段相当于后古典时代的历史长河中，具有代表性的帝国有继承了罗马帝国的荣耀、对地中海区域拥有统治权的拜占庭帝国，初建于亚欧大陆一隅而后逐渐壮大起来的阿拉伯帝国，汉朝灭亡之后，结束内部分裂，重新在中华大地上显示出强大凝聚力的唐朝，等等。

与前文提到的那些古典时代的帝国类似，拜占庭帝国、阿拉伯帝国以及唐朝也都是由具有强大民族认同感和凝聚力的帝国民族建立起来的。这些帝国具有强大的军事力量，也会实施一些超越民族界限、促进民族融合的政策，促进各民族统一及民族团结。这些后古典时代的帝国，以丝绸之路这样的贸易网络为基础逐渐发展起来。同时，为了更好地掌控这些贸易网络，不断开疆拓土，帝国统治者把所有的财富、知识与文化向帝国的中心地区集中。最终，它们又同以前的帝国一样，随着帝国内部多民族共同体的融合及协作逐渐出现问题，在内忧外患的夹击下走向没落。

另一方面，这些后古典时代的帝国与古典时代的帝国也有几点不同。首先，古典时代的帝国，都是通过统一货币和度量衡、整顿法治等逐渐发展强大起来；后古典时代的帝国则常通过诸如伊斯兰教、东正教等宗教与文化的力量来使帝国变得更加强大、更具有凝聚力。而以中国唐朝为代表的另外一些帝国，则建立起更有效、更完备的社会制度以及更为发达的政治体系来使帝国变得强大。而且，随着亚欧大陆贸易体系的不断发展，这些帝国逐渐受到其他帝国或者国家、民族的文化知识的影响，彼此不断吸收融合，最终形成了更加国际化的、多姿多彩的文化体系与知识体系。

阿拉伯帝国

说起阿拉伯帝国是如何建立及发展的，不可避免地要谈到宗教问题。阿拉伯帝国是人类所建帝国中宗教影响力最大的帝国之一。那么，阿拉伯帝国是以何种宗教为基础建立起来的呢？在帝国的发展过程中，宗教又发挥了怎样的作用呢？

在亚欧大陆那么多贸易线路中，阿拉伯帝国是在从没有强大帝国产生的贸易线路上出现的。在它建立之前，亚欧大陆的贸易网络主要是由两个较大的网络构成的。陆地上的贸易网络让中国制造的丝绸穿过中亚的草原，途经伊朗高原，最终运输到地中海地区的商人手里。海上的贸易网络则是用商船乘着季风把东南亚和印度的香料运到波斯湾，使地中海地区的餐桌上摆满了香喷喷的美味食品。但在这两条海陆贸易线路所经地区之外的偏远地区，也会有一些大大小小的贸易线路，以便人们相互来往，进行货物交易。其中一些贸易线路有足够的吸引力使得许多人口进入城市，城市进而逐渐扩展为国家。印度的香料就是用船运到了阿拉伯半岛西南部的亚丁湾之后，再由当地的商人用骆驼或者船运到埃及、黎凡特、埃塞俄比亚等地，贸易之路得到了进一步延伸。阿拉伯帝国就是在这个风沙之地——阿拉伯半岛西南边的第三大贸易网络基础上建立起来的。

这个地区从很久以前就有阿拉伯民族在此居住并进行农耕，但这里的耕地其实并不多。在面积不大的土地上，人口饱和了之后，阿拉伯人便开始进入东面的沙漠地带，以各种绿洲为中心过着游牧生活，从事商业活动。在这里，他们逐渐形成了几个部落，构成了阿拉伯沙漠地区的贸易网络，甚至还建立过几个小的王国。但一般来说，在伊斯兰教出现之前，阿拉伯半岛西南部的阿拉伯民族，还没有显示出作为帝国民族所应该具有的凝聚力。

伊斯兰教发源于阿拉伯半岛中西部红海附近的一座绿洲城市——麦加，创始人是穆罕默德。麦加商业繁荣，但政治局势并不稳定。570 年左右，穆罕默德出生于麦加城，年轻时曾跟随骆驼商队来往经商。610 年，他宣称受到天使吉卜利勒的引导，接受了安拉的启示。这时候他所接受的启示的内容非常简单：除安拉外，绝无应受崇拜者。意思是说，在这个世界上，除了安拉以外，不存在别的神。阿拉伯土地上开始出现一神教的教义。

有关信条

"除安拉外，绝无应受崇拜者。穆罕默德是安拉的使者。"这句话是许多穆斯林经常背诵的信条，被伊斯兰教视为绝对真理，是能够给予伊斯兰战士无穷斗志的口号。穆罕默德所播撒下的伊斯兰教种子，通过那些信仰并追随他的阿拉伯信徒之手进一步传播，最终建立起阿拉伯帝国。

许多人认为，在一个社会当中，如果人们信奉多神，那么这个社会的精神凝聚力必然会被分散弱化。当然，也曾有过像罗马帝国那样，尊重万神，不依靠宗教而是借助大规模军队、依靠法治与协作来实现民族融合的国家。但罗马帝国的多神宗教后来也无法给予国民足够的精神力量，整个社会开始发生动摇。因此后来罗马帝国逐渐把只信奉一个神的基督教立为国教。由此可见，一神教思想在促进各民族融合方面有着非常强大的力量。以伊斯兰教立国的阿拉伯帝国的创立发展过程，正好证明了这一点。

穆罕默德以一神教信仰为基础，抵制和驱逐当时阿拉伯社会正在扩散蔓延的多神崇拜思想；他用对安拉的信仰把四分五裂、各自为政的各个部族整合为一个整体。当然，这个过程也是非常艰辛的。穆罕默德最初在麦加城讲经布道的时候，受到了当时利用民众信仰和崇拜心理搜刮财富、掌握权力的统治阶级的敌视。他被麦加的统治阶级排挤，只好出走麦地那，并在那里建立起政教合一的国家。穆罕默德由麦加出走麦地那这件事，被看作神圣的“迁徙”，阿拉伯语称之为“希吉来”。那一年（公元 622 年）被看作伊斯兰历纪元的开始，称为伊斯兰历元年。穆罕默德在麦地那积蓄力量，于 630 年占领麦加城，并且将麦加城最重要的圣地——克尔白殿内的所有偶像清除，宣布伊斯兰教至高无上。

穆罕默德之所以能够反败为胜，是因为他所提出的伊斯兰教教义符合当时阿拉伯社会的历史发展要求。在麦地那那片陌生的土地上，穆罕默德得到了各种政治势力的支持，使他们成为信徒。他强调，在真主的面前，万民平等；所有信真主的人都是兄弟；任何人都可以通过祈祷在心里信奉真主；信徒没有高低等级之分，即使是祭司长，也并不比其他信徒拥有更多权力。由此可以看出，伊斯兰教教义非常平等，这使得商人与商人、部族与部族之间关系错综复杂的阿拉伯半岛，由原来的多元社会逐渐凝聚成一个整体。换言之，伊斯兰教教义同时也是一个有利于对贸易网络进行整合的宗教，它教给信徒正直与信赖，遵守契约的神圣，等等。而且，它在后来还帮助阿拉伯帝国整合其他国家，为帝国在未来掌控亚欧大陆贸易网络提供了有力支持。

穆罕默德最后的训示

632 年，穆罕默德从麦地那开始在阿拉伯半岛各地巡回布道讲经。他在阿拉法特山上对信徒们做了最后一次训示。他说：“阿拉伯人不比非阿拉伯人优越，非阿拉伯人也不比阿拉伯人优越。白人不比黑人优越，黑人也不比白人优越。”他同时还希望，停止各个部族之间的分裂，废除旧时的落后习俗，要用伊斯兰教来建立一个统一的国家。

哈里发

同时拥有政治与宗教双重权力的以伊斯兰教为国教的国家的领导者。阿拉伯语原意为“继承者”。

《古兰经》

记录穆罕默德从安拉那里得到的启示的伊斯兰教经典。

632 年，穆罕默德去世。艾卜·伯克尔被选为“哈里发”。他在当选为哈里发之后的一年时间里，统一了阿拉伯半岛。之后，他开启了如火如荼的传教旅程，以掌控亚欧大陆贸易网络为目标，进军美索不达米亚平原。634 年，艾卜·伯克尔征服了巴格达和大马士革，并且把波斯帝国与拜占庭帝国在那附近的势力全部驱赶出去，从而建立了阿拉伯帝国。

艾卜·伯克尔去世后，阿拉伯帝国内部经历了数次政治斗争，同时也在不断发展壮大。8 世纪，阿拔斯王朝时期，其疆域从阿拉伯半岛开始，西部经埃及穿越北非全境之后，渡过直布罗陀海峡，到达伊比利亚半岛；东面经伊朗高原，到达印度河流域；北面直达黑海、里海和咸海。

在阿拉伯帝国的扩张过程中，帝国民族对于新加入的异教徒表现出出乎意料的宽容。阿拉伯帝国是靠着刀与《古兰经》征服世界的。但阿拉伯帝国征服的目的并不是要屠杀异教徒。在穆罕默德逝世后建立的倭马亚王朝（从这一时期起，哈里发开始家族世袭），只要所征服地区的异教徒愿意缴纳人头税，就不强迫他们改变信仰。阿拉伯帝国通过宗教上的宽容与合理统治，得到了所征服地区民众的拥护，并掌控了当地的贸易网络。而且，当所征服地区的异教徒愿意改变宗教信仰时，帝国还会给予他们很多好处，这也使得阿拉伯帝国的疆土越来越大。他们为了建立起超民族帝国，甚至没有把倭马亚王朝的首都建立在阿拉伯半岛的麦加或者麦地那，而是建立在今天叙利亚的首都大马士革。

阿拉伯帝国的包容力在倭马亚王朝灭亡之后继续强化。倭马亚王朝时期，阿拉伯帝国面临的最大危机是人头税问题。当时，阿拉伯帝国中的阿拉伯人不用纳人头税，而非阿拉伯人因信仰不同，需要缴纳人头税。但到了公元 8 世纪初期，在帝国人口中，非阿拉伯裔的信徒大量增加，他们开始质疑为什么自己依旧必须缴纳人头税，而阿拉伯裔却可以不缴纳。他们把这看作违反伊斯兰教教义的对自己民族的歧视。趁着这一机会，阿拔斯家族利用非阿拉伯裔信徒的不满灭掉了倭马亚王朝，掌握了阿拉伯帝国的统治权。阿拔斯王朝消除了帝国内不同民族间的待遇差别，取消了所有信徒的人头税，把帝国的首都迁往巴格达。

无论从哪个方面来看，阿拔斯的首都巴格达都是一座非常耀眼的城市。那里有中国的丝绸与瓷器，欧亚草原及欧洲的毛皮与奴隶，北印度的织物，南印度和东南亚的香料与宝石，非洲的黄金，等等，那里是世界贸易的中心。阿拉伯帝国的货币是用纯度较高的黄金与银制作出来的，因此货币价值较高，受到世界各地商人的欢迎。能够反映阿拉伯文明最高工艺水平的玻璃器皿和毛毯就是这一时期在巴格达发展起来的。随着中心城市巴格达及其周边贸易网络越来越发展壮大，阿拉伯世界一片繁荣景象。

阿拉伯帝国，尤其是阿拔斯王朝的统治阶层对知识非常重视。在阿拉伯帝国的发展过程中，统治阶层把宽容与实用、互通与协作精神发挥得淋漓尽致。阿拔斯王朝非常重视希腊、罗马、波斯、印度、中国的知识文化，并曾把这些国家的书翻译成阿拉伯语。这使得地中海地区、美索不达米亚平原以及东方国家的各种文化与知识，最终都在阿拉伯帝国交汇到了一起。

9 世纪左右，阿拉伯帝国迎来了全盛期。巴格达也成为世界哲学、神学、政治学、历史学等知识文化的中心。

阿拉伯帝国的最大疆域

9 世纪左右，在阿拉伯帝国建立约 200 年后，其版图涵盖亚欧大陆及非洲，达到最大。

在这里，各种知识交汇、碰撞，还因此产生了许多新的知识学科，比如药学、医学、化学（炼金术）等。希腊的欧几里得几何学与托勒密的数学知识体系，还有美索不达米亚与印度知识体系中的代数学及验算方法融会贯通，阿拉伯帝国在数学方面取得了璀璨的成就。当时的阿拉伯学者能够熟练运用二次方程式和平方、平方根，还会使用几何学求方程式的根，能够利用三角函数计算并预测天体的运行。以融合、贯通、开放为基础而发展起来的阿拉伯科学知识体系，向欧洲和中国等地传播，最终成为今天我们所学习的科学知识的基础。

包括阿拔斯王朝在内的阿拉伯帝国，其发展历史波澜

《天方夜谭》

《天方夜谭》也叫《一千零一夜》，但其实一天就可以读完。它是以山鲁佐德听故事的形式结集并流传下来的阿拉伯民间故事集。《天方夜谭》中不仅有阿拉伯人的民间故事与传奇、传说，还包含了伊朗高原上波斯人的故事，以及埃及、美索不达米亚平原、印度等地流传的民间故事。《天方夜谭》的结构是受印度民间故事集的影响形成的，其内容很多来自伊朗的民间故事集。《天方夜谭》以伊斯兰教信仰和当时阿拔斯王朝的各种社会面貌为中心，把原有的这些民间传说加以重新解读、再创作，全面体现了横跨亚欧大陆并掌控了宗教、文化体系的阿拉伯帝国的特点，成为人类文明宝贵的文化遗产。

通过学习、收集、融合、兼收并蓄汇集而成的民间故事集《天方夜谭》，还包含了恐怖、科幻、犯罪等题材，几乎囊括了当今文学领域的所有题材

阿拉伯语与阿拉伯文化

9世纪初花剌子米创作的《代数学》中的一页。阿拉伯帝国时期，世界最高水平的各种知识文本几乎都被翻译成阿拉伯语，所以当时的很多学者都懂一些阿拉伯语。也就是说，如果懂得了阿拉伯语，就可以学习到世界上几乎所有高水平学问与知识。当时，阿拉伯文化把所有伊斯兰学者都凝聚到了一起，阿拉伯帝国也成为一个巨大的文化知识宝库。伟大的历史学家伊本·赫勒敦出生于突尼斯，生活在埃及；代数学之父、天文学家花剌子米出生于伊朗高原北部的花剌子模，生活在巴格达；医学之父、天才科学家阿维森纳出生在古波斯布哈拉（今属乌兹别克斯坦），生活在花剌子模、波斯哈马丹等地

壮阔，既曾因为内部政治斗争而四分五裂为地方政权，也曾被土耳其人等民族入侵。但从穆罕默德时期一直到阿拔斯王朝逐步建立起来的阿拉伯帝国，以伊斯兰教、阿拉伯语为基础，在包容、沟通的理念下，对各民族与文化加以融合，最终达成了帝国的统一。从这一层面来看，阿拉伯民族与中华民族一样，都具有强大的凝聚力及文化优越性，因而才能一直不断扩张下去，最终建成一个强大的帝国。

巴塔尼

出生于美索不达米亚西北部卡雷（今土耳其的哈兰城）的巴塔尼（约 850—929）是优秀的数学家、天文学家、占星师。对巴塔尼影响最大的人是罗马时代生活在亚历山大的希腊天文学家托勒密。巴塔尼通过细致的观测，制作了恒星目录，他还发现太阳的远地点与托勒密所观测的位置有所不同，进而发现了近日点与远日点位置的移动以及视差变化。此外，他还精确测量了黄赤交角等许多天文学数据，是第一个在天文学方面利用三角学进行计算的人。他所著的《萨比历数书》，对后来的欧洲天文学影响深远。巴塔尼在科学领域的所有贡献中，最重要且具有代表意义的就是如下两项成果。

1 年有 365 天 5 小时 46 分 24 秒

$$\tan\alpha = \frac{\sin\alpha}{\cos\alpha}$$

巴塔尼有许多弟子，他的弟子们也在天文学方面有所成就，师徒共同使得人类的天文学知识得到了进一步发展

拜占庭帝国的智慧

拜占庭帝国（亦称“东罗马帝国”）建立于公元 4 世纪末罗马帝国分裂时期，一直维持到 15 世纪，历经 1 000 余年，而西罗马帝国早在 5 世纪后期就已消亡。拜占庭帝国的中心位于今天的希腊与土耳其交界的博斯普鲁斯海峡附近的君士坦丁堡（今伊斯坦布尔）。拜占庭帝国与阿拉伯帝国渊源颇深。一方面，从军事层面来说，阿拉伯帝国与拜占庭帝国曾就地中海地区的霸权展开激烈的争夺。另一方面，从经济层面及文化、知识层面来说，两者又是合作伙伴。拜占庭帝国的丝绸、宝石、希腊哲学与数学都曾向阿拉伯帝国输送；阿拉伯帝国的地毯、香料、玻璃器皿都销往拜占庭，同时还把拜占庭帝国传入的希腊哲学及科学进一步发展融合之后又传播回拜占庭。

这两个帝国的共同点是它们都非常重视宗教与文化，同时都对周边国家的文化产生过重大影响。阿拉伯帝国以伊斯兰教为基础建立起帝国，在亚欧大陆上传播阿拉伯文化；拜占庭帝国以希腊正教（也叫东正教）为基础，形成了帝国的凝聚力，在巴尔干半岛和今天的俄罗斯等地传播东正教文化。

但是，拜占庭帝国从其诞生过程来看却乏善可陈。与伟大的波斯、罗马、阿拉伯帝国的初期建立过程相比，拜占庭帝国在成立初期更像是伟大的罗马帝国解体后的缩小版。

3世纪左右，罗马帝国所面临的局面比较惨淡。235年，皇帝塞维鲁被杀之后的近50年时间里，相继有26名皇帝即位，其中25位皇帝没能善终。因此，在这样的政治混乱中，曾经支撑罗马帝国的公民精神逐步消逝，日耳曼民族越来越频繁的侵犯更是雪上加霜。这时，罗马帝国的皇帝戴克里先与罗马军队总司令马克西米安提出，为了在罗马广阔的领土上实行更有效的统治，把罗马帝国分为东西两部分进行共同管辖。后来，东、西罗马又进行划分，分成了四个统治区域。这四个区域都自成一国，共同构成帝国的四个分支。这样，罗马帝国的首都迁移到了位于东部的君士坦丁堡。在这一系列政治及社会变革之后，395年，罗马帝国分为西罗马帝国与东罗马帝国。

罗马帝国分裂不到100年后发生了巨变。476年，西罗马帝国在日耳曼民族的进攻下解体，以希腊地区为中心的东罗马帝国则在西罗马帝国灭亡后依旧存在。这主要是因为东罗马帝国以自身所具有的行政权力及经济能力为基础，依旧很好地维持着帝国的知识、技术、政治、法律、贸易网络等。它就是拜占庭帝国——一个存在了千年的帝国。

从历史进程上来看，拜占庭帝国并不是新建的帝国，而是罗马帝国解体后的延续；拜占庭帝国的国民与其被称为帝国创造者，不如看作守护者。但是，一般来说，所谓守护通常也是一种极限的创造过程，因为守护通常意味着危在旦夕。为了生存，必须能够迅捷地做出正确的选择及行动才可以。这就好像在一个家庭穷困到没有一粒米可以下锅的时候，这个家里的每一个人都会成为很好的家庭守护者。当帝国的另一半发生陷落的时候，拜占庭的国民是如何做的呢？

希腊人有着无与伦比的创造力。在接受罗马帝国统治之前，希腊人从人口约 50 万的雅典城邦逐渐发展为一个多城邦国家，在古典时代影响了整个地中海地区，甚至在亚历山大大帝时期还建立了帝国。

希腊曾经有过以亚里士多德和柏拉图为主要传播者的形而上学、道德哲学、政治学、科学哲学等知识体系，泰勒斯及欧几里得的几何学、毕达哥拉斯的数学、希波克拉底的医学、盖仑的心理学、恩培多克勒与阿那克萨哥拉的实验科学、德谟克里特的原子论等科学成就大放异彩。被纳入罗马帝国后，希腊人与其他城邦，包括亚历山大这种商业中心一起，形成了具有凝聚力的共同体，并始终保持着地中海地区的商业中心的地位（希腊天文学家托勒密也是亚历山大人）。罗马分裂后，东罗马获得独立，君士坦丁堡立刻成为包括希腊人在内的许多原罗马帝国各民族可以共同生活的名副其实的中心城市。

拜占庭帝国充分利用自身资源，巩固基础，维持了帝国本身的凝聚力，因此幸存了下来。拜占庭帝国既有罗马帝国时期的贸易网络，也沿用了罗马的法制体系以及政教一体的强权政治。除了异族所占领的西罗马地区，拜占庭帝国依旧稳稳地把持并使用着地中海地区的贸易网络。君士坦丁堡的使节团与商人依旧可以自由出入于爱琴海、黑海、埃及、黎凡特等地区。统治者能够始终很好地利用当时最合理的统治手段——罗马的法制体系来维系并促进社会各阶层融合。拜占庭帝国的皇帝同时是国家宗教领袖，这种东罗马政教一体的治国传统在拜占庭帝国得以延续并且被不断强化。

罗马帝国末期，君士坦丁大帝正式承认基督教的合法地位，平等对待它与其他宗教。在西罗马帝国，皇权与教权分离，而东罗马则不然。君士坦丁大帝作为东罗马帝国的大主教，一直试图与西罗马帝国的教皇拥有同等地位。同时，他对于手中的皇权已经可以使用得得心应手。因此，在东罗马帝国，大主教的人选通常也是帝国皇帝的人选，这已经成为惯例。东罗马帝国这种政教合一的权力特点，使得拜占庭帝国形成了强大的向心力，同时还具有鲜明的特点。

发达的贸易网络、罗马帝国的法制体系、政教合一的权力特点使得拜占庭帝国在6世纪初期逐渐成为一个强大的帝国。这一时期，拜占庭帝国的皇帝是查士丁尼一世，他被称为查士丁尼大帝。在他执政初期，皇权非常无力，帝国内的各种叛乱差点导致他被迫退位（最终他成功镇压了叛乱，下令把所有叛军处死）。为了维护东边国境线的和平，他还每年向萨珊波斯王朝纳贡。

查士丁尼一世决心强化帝国的国力。为此，他所做的第一件事就是修订原有的罗马法律，对原来的罗马法典进行改编、修正，编纂成《查士丁尼法典》。另外，他还命令世界史上著名的将军贝利萨留进军北非，消灭汪达尔王国，收复帝国领土。贝利萨留将军不仅收复了汪达尔王国在北非统治了约100年的国土，还夺回东哥特王国占领的原有领土。贝利萨留将军先是在西西里岛获得了胜利，然后又在那不勒斯登陆，北上成功夺回罗马城。接下来，拜占庭帝国在与哥特人的战斗中获得了胜利，收复了意大利半岛。到这一时期，拜占庭帝国几乎把疆域恢复到旧时罗马帝国时期的规模。在一连串不知疲倦的努力与战斗之后，拜占庭帝国进入了全盛期，查士丁尼也被尊称为查士丁尼大帝。

查士丁尼大帝去世后，7世纪左右，拜占庭帝国遭到了来自各方的入侵。西面要同日耳曼民族作战，还受到埃

查士丁尼大帝

拉韦纳的圣维塔莱教堂里的镶嵌画。画中人物为查士丁尼大帝及其阁僚大臣、宗教领袖、军队司令官。查士丁尼大帝的头上有光环，这意味着查士丁尼大帝被赋予了同耶稣一样神圣的光彩。画中站立在查士丁尼左侧的人就是贝利萨留将军

及与叙利亚等势力的威胁；北面又有斯拉夫人、阿瓦尔人、保加尔人，他们都来到了希腊半岛；新建立的阿拉伯帝国更是强大的威胁。668 年，首都君士坦丁堡遭到了倭马亚王朝军队的攻击。拜占庭帝国开发了“希腊火”这种新武器之后，缓解了近在眼前的军事危机。但为了应对未来不知何时会重新出现的战争，帝国扩充了军队，开始

希腊火

拜占庭帝国整顿制度，并且使用一种被称为“希腊火”的新武器。这种武器使用液态燃烧剂，强有力地击退了阿拉伯军队。这种武器的制作方法一直处于保密状态，这使得人们至今也没有弄清楚其成分。后来，拜占庭帝国还制作出使用希腊火的手榴弹以及可以喷射希腊火的便携式火焰喷射器

查士丁尼大帝与贝利萨留收复的土地

从 533 年开始的约 20 年间，查士丁尼大帝与贝利萨留将军把拜占庭帝国的领土扩张了大约 45%。

了一系列社会变革，其中一项变革就是行政区制度。

现在，意为“主题”的“thema”一词，最开始是指拜占庭帝国为了有效管辖广阔的领土而划分的行政区。行政区制度之所以会出现，是因为在阿拉伯帝国的急剧扩张之下，拜占庭帝国失去了埃及、叙利亚、波斯等地的领土。行政区制度规定，区内的土地分给农民耕种，各个区的管理者负责对他们进行保护和管理；平时还要召集农民进行一些军事训练，以便在战时可以随时组成军队。这种行政区制度，一方面可以确保拜占庭帝国在需要的时候随时可以动员足够的兵力；另一方面，它还可以保障农民生活稳定。在这样的制度下，拜占庭帝国最终摆脱了阿拉伯帝国的威胁，和阿拉伯帝国共同跻身当时的世界强国之林。

拜占庭帝国沿用了罗马帝国的制度与知识体系，保存了以基督教为中心的政教合一的统治体系，并且在此基础上革新了制度与技术，最终得以在强敌环伺的环境中幸存下来。在这一过程中，原属于西罗马帝国的一些地区，即使是在人们常说的“黑暗的中世纪”时期，依旧作为贸易、知识和文化网络的中心地区发挥着重要的作用。

尤其是拜占庭帝国的首都君士坦丁堡，作为能够影响帝国整个贸易网络的城市，当时已经成为举足轻重的各种产业及商业集散中心。10世纪左右，君士坦丁堡已经成为能够创造巨大财富的城市，城内对帝国经济有重大影响的各种行业协会就有二十余个，生产拜占庭帝国特产的染色织物的制造商协会以及珠宝商协会等原料加工销售产业协会占了大多数。

在这些协会中，比较引人注目的是货币兑换商协会，这也间接证明了当时的君士坦丁堡已经成为国际贸易中心。拜占庭帝国的货币含金量比较高，因此受到各国欢迎；同时，由于拜占庭帝国的经济影响力非常大，因此，其货币的地位就像今天美元在世界贸易中的地位。在当时的地中海地区，拜占庭的货币成为主要流通货币，君士坦丁堡成为阿拉伯人、威尼斯人以及罗斯人等世界各地商人的聚集地，地中海地区最有钱的富人都居住在这里，帝国也因此可以从他们那里收取巨额的税金。

拜占庭帝国的影响力不仅仅停留在经济方面，宗教与文化方面的影响力同样不容小觑。拜占庭帝国的文化对北方的各个民族影响很大，尤其在与罗斯人的交往中充分体现了拜占庭式的智慧，这也从侧面反映了帝国文化的强大感染力。

9世纪末左右，基辅罗斯进攻君士坦丁堡，与拜占庭帝国决裂。一直到10世纪，拜占庭帝国始终受到罗斯人的猛烈进攻。为此，当时拜占庭帝国的皇帝巴西尔二世把

拜占庭帝国的货币

货币上的查士丁尼大帝。对建立起帝国的人来说，货币上的形象略显可爱

自己的妹妹安娜嫁给了基辅罗斯统治者弗拉基米尔一世。这场婚姻的目的不仅仅在于与罗斯人缔结姻亲以便结盟，巴西尔还希望能够借此机会把东正教传播到基辅罗斯。而弗拉基米尔初次接触拜占庭帝国的东正教，就深受影响，并且希望能够把它引进基辅罗斯。安娜作为弗拉基米尔在宗教方面的带路人亲自参加各种活动，并且参与制定基辅罗斯的宗教政策及教堂建设，促进东正教在当地的广泛传播。拜占庭帝国以宗教为媒介，最终促成了与罗斯人的友好关系及交流。

东正教

俄罗斯东正教仪式场景。对于入侵本土的保加尔人、罗斯人等北方民族，拜占庭帝国利用宗教的力量对他们实施了怀柔政策。至此，从希腊到巴尔干半岛，再到今天的俄罗斯西部，东正教文化圈已有雏形

拜占庭帝国在社会制度、宗教、知识、文化及商业方面充分发挥民族智慧，抵御了无数外族侵略，最终发展为强盛的帝国。但是，外敌的不断入侵还是动摇了拜占庭帝国的根基。尤其从 11 世纪到 13 世纪，地中海地区的强者——意大利强大的城邦国家威尼斯，还有西欧各国，以“圣战”的名义联合派十字军东征，这使得拜占庭帝国的

圣索菲亚教堂

查士丁尼大帝时期完工的圣索菲亚教堂。其名字的含义为“神圣的智慧”。包含着希腊与罗马文化中顶尖数学原理与建筑技术的美丽教堂，承载着历史与现在，是拜占庭帝国智慧的象征，也代表着当时建筑技术的最高水平

国力逐渐衰落。

四面受敌的拜占庭帝国最终为其东面的强大帝国奥斯曼所灭。伴随着拜占庭帝国的灭亡，罗马帝国的漫长历史也画上了休止符。在长约千年的历史长河中，拜占庭帝国

的敌人可能比任何帝国都多，但他们即使战败也绝不屈服，继续努力保持帝国的正统性，守护了帝国的文化及宗教信仰，甚至还把本民族的文化与宗教传播给其他民族。

具有世界主义精神的唐朝

经历了秦、汉两朝之后，初具世界强国基础的中华大地重新走向分裂。汉朝的民族融合政策以及交流体系，难以解决中华大地人口急剧增多、贫富差异加大、民族构成多元化等问题，各地纷纷出现像黄巾起义这样的大规模农民起义。此外各地还有希望建立新的政治秩序的军阀，汉朝最终走向灭亡。

通过记载汉朝末年社会乱象的《三国志》，我们可以知道，曹操与地方统治阶层都意识到，汉朝的统治已经走向了穷途末路。统治者曾经对土地制度进行变革，修改租税政策，希望借此改善民众生活条件，改革汉朝旧的社会统治政策。

黄巾起义

2 世纪末，利用民众对汉朝统治者的不满，社会上出现了以宗教团体“太平道”为主体的农民起义。起义的农民军头裹黄巾，因此被称为黄巾军。

汉朝最终还是走向了灭亡，平定并终结汉朝所留下的乱局的是晋

曹操

曹操（155—220），汉朝末年各地军阀中首屈一指的人物。他在北方屯田，把失去土地的农民收编进军队，给他们土地进行耕种，此外还施行了多种法规及制度。他不问出身，唯才是用，周围聚集了一大批人才

朝。西晋在316年又为匈奴所灭，统治者退到长江以南，长江以北地区则被匈奴、氐、鲜卑、丁零等民族和汉族分地而治。之后，鲜卑族重新统一北部地区，建立了北魏。北魏没多久又因为各地农民起义及军阀割据而走向衰落，最后为北周王室外戚杨坚所灭，后者建立了隋朝。

隋朝的首位皇帝为了稳固新朝代的根基，施行了许多新的政策，沿用了一些符合人民需要的政策。其中较为突出的是均田制，把国家的土地分给农民；同时还让农民服兵役，继续推行府兵制，有效保护并稳定了小农经济。这些政策与拜占庭帝国的行政区制度作用类似，有力保护了

中华民族的基本群体——农民的生活，并且为军队提供了强大的后备力量。

隋文帝时期，隋朝实施了一项非常重要的制度——科举制度。由此，地球上第一个考试（国家级考试）制度诞生了！这可是一个让今天的我们也挠头不已的大事件，对当时独占权力阶层的那些名门子弟也是一样。科举制度是一种重视个人能力甚于出身阶层的选拔人才的新制度，它使得之前那些出身高贵的名门望族子弟不能再仅凭出身就

北魏孝文帝的民族融合政策

北魏孝文帝统一中国北方以后，实施了把鲜卑族与中华大地其他民族相融合的政策；他自己也力求不仅当好鲜卑人的皇帝，更成为中华大地上各民族的皇帝。他把首都迁往中国的重要城市——洛阳，以汉语、汉服取代鲜卑族语言及服饰，甚至把皇族的姓氏改为“元”姓。他鼓励鲜卑族与汉族通婚，任用官吏时对鲜卑族与汉族人选等同视之，进一步促进民族融合。同时，孝文帝还颁行均田令，由国家把土地均分给农民；推行“三长制”，即各地推选邻长、里长、党长，维护乡村秩序，努力解决当时贫困农民无地可耕的严重问题。

孝文帝的改革促进了鲜卑族与汉族上流社会之间的民族融合，对汉族推行的怀柔政策取得了成功。但鲜卑族平民的生活境况仍不乐观。最终鲜卑人发动叛乱，军阀割据，政权解体。但是，孝文帝及其改革政策，在促进中华各民族融合方面，确实有很大贡献。

占据高位，而必须同那些出身底层的平民子弟竞争同一职位。由此，科举制度受到了当时很多平民的欢迎，因为他们不属于权贵阶层，之前做梦也不敢奢望成为朝廷官员，更不可能获得高位官职。但通过科举制度，平民阶层可以展示自身能力，获得官职，出人头地。这使得中国社会中产阶层人数得以扩充，并满足他们对社会地位上升的需求。通过这些举措，隋文帝使得中国社会具有了阶层流动的基础，同时弱化了名门望族手中的权力，起到了加强中央集权的作用。

隋文帝之后，隋炀帝的一个举措实现了中华民族的夙愿——在长江南北以及华北地区修建大运河，这使得中国物流网络上又增加了一个巨大通道，并可以促进资本与人力的流动。隋朝本可以继续推进它建设强大帝国的梦想，但隋炀帝频繁发动战争、滥用民力、穷奢极欲，使得民众对隋朝的信任跌到了谷底，民间怨声载道。最终，隋炀帝被缢杀，隋朝建立了不到 40 年，还没来得及实现帝国梦想就灭亡了。

隋朝没能完成的帝国梦想，最终由唐朝统治者实现了。唐朝在建立初期，同样在许多方面面临着危机。唐朝的第一位皇帝李渊在 618 年建立唐朝时，面临着和汉朝末年相似的局面，军阀分地而治，阻碍着唐政权建立统一国家。但是唐高祖李渊有一个具有军事天赋和领导才能并善于领军作战的儿子——李世民。李世民带兵讨伐脱离隋朝统治、阻碍唐政权统一中国的窦建德、王世充等势力，最终统一了唐朝疆土，并希望成为这个统一国家的最高统治者。他在玄武门杀死了皇位的有力竞争者——自己的兄弟李建成及李元吉，并迫使自己的父亲唐高祖退位，自己最终成为唐朝的皇帝（唐太宗）。

在这种复杂的内部政治斗争及血雨腥风中，唐朝社会在具有惊人领导才能的李世民的带领下朝着帝国梦想不断迈进。唐太宗能够听取臣子的谏言，重视言官的意见，甚至连曾跟随自己兄长李建成的魏徵也得到他的重用。他具有慧眼识人的能力，并且善于用人。因此，在唐太宗的朝廷之中，既有贵族名门子弟，也有中产阶层出身的有用之才；房玄龄、魏徵、杜如晦等都成为后来深受尊敬的著名政治家及大臣。

此外，唐太宗沿用了隋朝革新的政策并使之制度化，以此增强国力。他把原有的均田制、府兵制及租庸调等统合为律令制。律令制是由刑法的“律”和行政命令的“令”合二为一的。虽然后来各朝各代始终在对其进行调整，但其基本结构一直得以延续。

自身作战能力很强的唐太宗很早就发现并且重用了能力超群的名将李靖。李靖带领仅仅数千骑兵击退唐朝西北部的突厥人，最终使他们向唐朝统治者屈服。除了李靖之

可汗

古代柔然、突厥、回纥、蒙古等政权最高统治者的称号，公元4世纪末已有记载。可汗统治的疆域常被称为“汗国”。

外，唐朝还有李世勣这样的名将，成功地把唐朝的统治范围向西推进。唐朝设立安西四镇，各民族融洽相处，李世民被各民族尊为“天可汗”。唐朝向西面不断推进，最终在100多年之后与阿拉伯帝国发生冲突。751年，在唐朝与阿拉伯的怛罗斯之战中，唐朝军队落败，但一般认为此战对双方的疆域几乎没有影响。不过，在这次战争中被俘获的唐朝士兵中有造纸工匠，中国的造纸术就这样被带到了西方。

唐朝的疆界不断西移，同时受到周边许多国家的尊崇，其影响力一度到达东南亚、朝鲜半岛、日本、克什米尔地区。唐朝统治者对归顺自己的各个民族给予充分的自治权，接受它们的臣服和朝贡，同时，作为交换，唐朝保护它们的安全，并与之进行贸易。

唐朝在疆域稳定了之后，加大与世界各国的贸易往来。西域的稳定使丝绸之路更加繁荣，促进了商品在陆路方面的往来。同时，唐朝还通过海上丝绸之路，不仅与东南亚、印度等地进行交易，还与波斯湾及阿拉伯半岛开展贸易，甚至在欧洲人远航探险的数百年之前，唐朝就有人

唐太宗与李靖

拜占庭帝国有查士丁尼与贝利萨留这样的搭档，唐朝有唐太宗（左）与李靖（右）这样的组合。除了李靖之外，唐太宗还有许多人才，并且对他们做到知人善用，使他们在各自的位置上尽情施展才能

唐朝的疆域

公元 7 世纪下半叶，唐朝疆域达到最大。这一时期，唐朝统治着西域的广袤领土，南部疆界位于今天的越南。

《西游记》

唐三藏与孙悟空、猪八戒、沙僧历尽九九八十一难，到达西天，取得真经。《西游记》中的取经情节取材自真实历史，被一些学者看作以亚欧大陆文化为背景的一段经历磨难、追求理想的旅程

已经到达非洲最南端。

在这个庞大的贸易网络上，世界各国的财富、知识、文化都涌向了唐朝；同时，唐朝的特产、知识与文化也在向世界各地传播。输入唐朝的有印度与伊朗地区的服饰，阿拉伯国家的银质手工艺品，还有起源于中国但被阿拉伯国家改进了的造纸术等。唐朝输出的有造纸术、漆器、陶瓷、绸缎等。这一时期，印度的梵文佛教经典也进入中国并被翻译成汉文，这使得中国佛教文化得以深入发展，并最终在整个东亚形成了佛教文化圈。

乐山大佛

中国最大的石制佛像

在唐朝的都城长安，居住着来自波斯、东南亚、朝鲜半岛、日本等地的商人。因此，当时的中国社会在生活与文化方面受到了国外的很多影响，呈现出世界主义面貌。当时的唐朝人非常喜欢西域的风格，他们摒弃了之前一直席地而坐的生活习惯，开始像波斯及阿拉伯人那样使用桌椅。唐朝人引进了西域的管乐器及打击乐器，使民众的娱乐生活进一步丰富。唐朝的外交使节与地图制作师对遥远的波斯或者阿拉伯帝国的地形了如指掌。当时的人们把突厥人的民俗文学翻译成汉语阅读，还学习佛陀在印度讲经的内容并修行。茶文化在唐朝日渐兴盛，商人从西南地区买入的茶叶在经过加工之后，由专门的机构销往世界各地。

唐朝的文学在与突厥、印度、波斯等多个民族的文学相碰撞之后，开启了中国文学的黄金期，尤其是诗歌，在唐朝达到了顶峰。这一时期，既有身为诗人但非常关注现实的“诗圣”——杜甫的五言律诗，也有自由奔放、重视文学生活、被称为“诗仙”的李白的七言绝句。这一时期对于中国文学的发展非常重要。

正是因为唐朝的存在，才使得今天世界各地的华人聚居地被称为“唐人街”，使得中华民族成为别具一格的中华民族。虽然唐朝因为内忧外患仅仅存在了不到300年，但从那时起，中华大地一直是亚欧大陆贸易网中最繁华、最具活力的中心国家之一。

伊斯兰世界的统一和麦加克尔白朝觐

穆罕默德清除了克尔白殿内一切神像，并把克尔白作为穆斯林朝觐瞻仰的中心。在克尔白内部，有着与易卜拉欣有关的圣物，还保留了天使吉卜利勒站过的地方。克尔白的四角都有所象征，分别被称为黑石角、也门角、伊拉克角、叙利亚角。

伊斯兰教律法规定，伊斯兰教徒必须朝向麦加的克尔白方向礼拜，而且一生之中至少要去一次麦加进行朝觐。这种规定不仅仅具有宗教意味，在古代也起到了促进阿拉伯世界团结的作用。大马士革与巴格达等城市都曾经是阿拉伯帝国的首都，因此，在帝国发展繁荣时期，作为帝国发源地的阿拉伯半岛西南部地区，繁荣程度必然会比帝国的中心城市略逊一筹。但因为伊斯兰教关于克尔白朝觐的规定，去麦加朝觐的教徒络绎不绝。这为麦加的商业输送了源源不断的发展动力，帝国内的阿拉伯人也攫取着各地不断涌入的

沙特阿拉伯的麦加因为是穆罕默德出生的城市，而被尊为伊斯兰教圣地

财富、知识和文化。

由此我们也可以看出，阿拉伯帝国的强大并不是单纯依靠压榨和剥削来实现的，而是通过财富、知识与文化的不断整合得以实现的。

高棉帝国

在东方，除了中华大地上出现的帝国之外，还有过许多帝国存在。在唐朝时期，亚欧大陆的贸易通道上也曾出现过许多帝国。东南亚高棉帝国（也称“真腊”）统治着当时的许多民族与国家。

在东南亚，全年天气炎热，许多地区夏季降雨量超过1 000毫米，雨水最终流向湄公河以及洞里萨湖等可以蓄水的地方。这样的自然条件种植水稻真的是再合适不过了。东南亚有着足够的日照和充足的水分，对水稻而言自然条件优越。这里种植水稻一年可以收获两三次，而且不需要种植者特别精心照看。

东南亚之所以能够产生强大的帝国，原因之一是拥有丰富的农业生产力，原因之二是在与印度的交流过程中传入了印度教。印度教是具有丰富神话故事的带有文学属性的宗教，其中的神主要有毗湿奴、因陀罗、湿婆等，他们都具有人类的形象，来到人世经历各种艰险。神以人类的肉体现身，一般被称为“化

《罗摩衍那》

象征印度文学最高峰的《罗摩衍那》，讲述的是毗湿奴的化身罗摩和他的妻子吉祥天女的化身悉多的故事。罗摩和悉多克服了魔鬼设置的重重阻碍，在俗世中再一次结合到一起，罗摩也在这一艰险经历中夺回了属于自己的王国

身”。许多神的化身所经历的故事都是争取权力，最后找到宿命中的爱情。受印度教的这种神话故事的影响，许多印度教国家的君主都自称为“神的化身”，把自己的王权神圣化，同时建立起强有力的中央集权国家。

在连接中国与印度的海上贸易网络中，东南亚也扮演着非常重要的角色。东南亚不仅是桂皮、丁香、肉豆蔻等各种香料的产地，同时，在中国与印度的海上贸易通道上，东南亚所处的位置还是货物买卖及中间休息所必经的交通要道。这使得东南亚的许多王国经济繁荣发展，也导致有的国家开始希望能够把其他国家纳入自己的管辖范围之内，共享财富与繁荣。从7世纪到15世纪，在东南亚形成强大势力的民族就是高棉。

高棉人生活在今天柬埔寨所在的广大区域，在洞里萨湖周边逐渐发展壮大。公元802年，阇耶跋摩二世建立了吴哥王朝，并打下了帝国的基础。吴哥作为国家的中心，后来成为人类文明中最令人惊奇的文化遗产地之一。

高棉帝国的建立，始自公元1100年左右苏利耶跋摩二世掌权时期。苏利耶跋摩二世向西攻打罗斛、南奔，向南占领了马来半岛北部，向东侵占了占婆王国的一部分土地，向北扩张到湄公河上游。那时的高棉帝国疆域非常广阔，差不多相当于今天的泰国、柬

搅拌乳海

吴哥窟东侧回廊的这块浮雕描述了印度教中关于天地创造的神话。吴哥窟是集东南亚许多建筑样式与雕刻样式于一体的印度教庙宇

埔寨、老挝和越南等国合起来的面积。

苏利耶跋摩二世注意发展国际贸易，尤其重视印度教。高棉帝国与印度南部的朱罗国关系密切。毗湿奴的神殿——吴哥窟历经30多年才修建完成，它的建成显示了当时高棉帝国所拥有的巨大财力，同时它的建筑样式也体现出当时帝国受到印度教与佛教文化圈中许多国家建筑样式的影响。作为一座包含有印度流传过来的印度教神话及高棉人艺术灵魂的建筑，它同时还向我们展示了高棉帝国与其他东南亚文明水乳交融的最高成果。

游牧帝国及后裔

前面所讲述的阿拉伯帝国、拜占庭帝国、唐朝等，它们不仅各自建立起强大的帝国，实现了帝国内部财富、知识、文化的整合，同时帝国间的交流也使得亚欧大陆的文明世界连通为一体并不断扩大。因此，自罗马帝国与汉朝时期开始的亚欧大陆上的交流与贸易，逐渐发展为包括地中海地区、阿拉伯世界、非洲、中亚、东南亚等在内的亚非欧三大洲贸易流通网络。现在，我们大体对亚欧大陆与非洲构成的“世界”有了认识，也清楚了世界上的这些国家与地区在这个网络中扮演着怎样的角色。

那些生活在中亚的草原，又从草原向四面八方不断迁移的游牧民族，对亚欧大陆贸易网络的结构与规模了如指掌。以 13 世纪为时间上的起点，游牧民族的帝国时代开启了，其先驱就是蒙古人。

蒙古帝国

蒙古帝国是人类历史上领土极为广阔的帝国之一。其全盛时期掌控了包括波斯、曾经的罗马帝国、阿拉伯帝国、拜占庭帝国、中国等这些帝国以前所统治的大部分疆域。这个大帝国还掌控了东南亚部分地区以及美索不达米亚、巴尔干半岛的一部分。此外，蒙古帝国曾远征印度尼西亚、日本、西欧等国家与地区，虽然最后失败了，但亚欧大陆的所有民族几乎都至少与蒙古帝国的军队打过一次交道。

如果我们仔细审视蒙古帝国的地图的话，不禁会产生许多疑问。蒙古人是如何征服如此广袤的领土的？蒙古人为什么要建立一个如此庞大的帝国？蒙古人如何统治如此广阔的国家？在找到问题的答案之前，我们先来了解一下游牧民族的生活和欧亚草原周边的环境，然后继续蒙古帝国这个话题。

游牧民族是指那些在山上或者高原、草原上依靠打猎或饲养家畜生活，而不是定居在一处从事农耕生活的人。

相比农耕，欧亚草原以及蒙古的自然环境更适合游牧生活。巨大的亚欧大陆上的中央地区纬度高，距海远，气候寒冷又干燥。这里9月份就开始下雪，到了次年5月，雪还不会融化。冬季的最低气温可达零下40摄氏度，很难在广阔的草原上找到水源，而且沙漠或者戈壁滩十分常见。在这样的环境中，人们所需要摄入的高营养农作物无法存活，只有山羊或者绵羊等食用的草才能生长。

因此，人们只能依靠喂养一些不怕寒冷的山羊或者绵羊来维持生活：用羊奶制作奶酪，把肉风干制作肉脯，加工羊血，羊粪当柴火烧，羊的内脏可以制成食物，毛皮可以制作衣物，骨头拿来做装饰物。为了饲养家畜，游牧民经常需要去水草丰美的地方。因此，游牧民族一直过着迁徙的生活。为了养活一家人，他们需要饲养很多头家畜，需要可以满足这些家畜胃口的广阔土地。因此，游牧民族一般不是几家聚在一起生活，而是以家庭为单位在相距很远的地方短期驻扎。这些游牧民族以自己的蒙古包（游牧民族居住的移动式帐篷）为中心生活，向四周望去，地平线上空无一人、不见任何其他家庭的蒙古包的情况非常多。

对于游牧民族来说，马的重要性不亚于人。在一望无际的大草原里，很难找到湖、河流、泉水，甚至连确定自己所处的位置也很困难。从找食物艰难这一角度来说，草原和沙漠是相似的。大草原上冬季的严寒，就和沙漠里暴晒的骄阳一样可以置人于死地。相应地，沙漠里有“沙漠之舟”之称的骆驼，草原上则有像马这样非常有用的交通工具。自古以来，游牧民族就非常珍爱马匹，也非常善于骑马。他们为了抵挡抢掠自己财产的土匪，或者为了从狼嘴里保护自己的家畜，熟练掌握了在马背上作战的技能。他们最擅长的战斗方式就是骑在马背上射箭。

下面，让我们围绕蒙古帝国一一解答前面提出的问题。首先，蒙古帝国是如何征服广阔的土地的？因为蒙古人擅长骑马射箭，所以答案里肯定有一点是善于骑射。马匹在奔跑的时候，晃动得非常厉害，一般人在马背上连坐正都很难。即使是接受过骑马训练的骑兵，在奔跑的马背上所能做的，也不过是利用马奔跑的速度用刀枪向敌人砍下去。但游牧民族不仅仅是挥刀的骑兵，还是能够骑着马射箭的弓箭手。无论在哪里，他们都能够快速移动并且远距离射杀敌人，然后快速离开。那时候，成群的骑马弓箭

蒙古帝国的最大疆域

13 世纪左右，蒙古帝国把领土扩张到最大。

手无异于今日的坦克部队，是可以发挥巨大威力的作战军团。正因为如此，农耕民族在与游牧民族作战时几乎逢战必败。

蒙古的骑射士兵们，用柔韧度好的弓箭与攻城武器武装自己，很善于长距离奔袭。蒙古人不断练习集结、解散、进攻、后退、侧面包抄、突破等各种战术。而且他们还用动物的筋与角制成了合成弓，把动物的角煮过之后贴在弓的内侧，使得它的作用力更大；把动物的筋贴在弓的外侧，增加弹性。蒙古人的弓箭一度成为他们的骄傲，当时号称世界上最好的弓箭。面对150米开外的

敌人，弓箭能够穿透对方的铠甲；把箭朝天空方向射得很高，可以让箭雨飞落到400米外的敌人头上。

蒙古士兵在征服战争中不仅可以击败对方的军队，而且非常清楚让守城士兵屈服在攻城战中的重要性。他们会从俘虏中挑选懂得制作武器的工匠，并且带他们远征。需要攻城时，他们会让这些工匠现场制作攻城武器。蒙古军队从不披挂沉重的铠甲，也不搬运不便的兵器，这样便不会对战马造成过于沉重的负担。而且一般每个蒙古士兵都会牵引三四匹马行军，当骑乘的马匹劳累时，便换乘其他马匹。这使得他们可以保持每天行军90千米左右。

此外，蒙古军队不惧怕包括大雪在内的各种恶劣天气，即使没有补给品，他们也可以依靠肉干以及马奶生存。因此，各地的守城士兵经常会发现，他们还没有得到任何蒙古士兵行军的消息，驻守的城池就已经被蒙古大军包围了。蒙古军队可以全面瓦解敌人的防御阵地，把城池包围后，就静待随后赶着马车而来的人以及弓箭等各种补给。

那么，蒙古人是如何建立起庞大帝国的呢？游牧民族之所以进攻周围过着定居农耕生活的部族，大体上有两个原因。首先是在像欧亚草原这样的恶劣自然条件下，对水源、家畜与财物的争夺非常激烈。那些被迫进行竞争或者期待较为安稳的生活的部族，会寻找可以停留下来的土地，征服那里的原住民，成为统治者或者长住农民。也就是说，这些征服活动都带有强烈的民族迁移或者移居的倾向。其中最具代表性的就是前文提到的鲜卑族建立的北魏。

但是，历史上仅仅为了移居而进行的征服活动其实很少见。只有那些过着农耕生活的“文明人”心里会以为“那些野蛮人也希望像我们一样生活吧”。可实际上，游牧民族从出生就在草原上成长，他们以继承草原文化为荣，而对生活在炎热潮湿且无聊的农耕社会并不感兴趣。他们的征服活动，其实更多是为了掌控贸易网络。

游牧民族根据季节的变换迁移生活。而与长期迁移生活最匹配的行业是贸易。因此，欧亚草原上的游牧民族经常会将地中海、印度、中国等地的货物运输交换，他们的这些活动，在丝绸之路形成方面起到了很大的作用。与其他民族相同，游牧民族的目标也是掌控贸易网络，以便获得更大收益。因此，游牧民族一直都在征讨农耕部族，以便确保得到不花本钱的货物及那些民族宝贵的知识财富。而且，一旦击败那些农耕民族所建立的位于贸易网络枢纽上的帝国，那么他们就可以独占那些帝国的货物与各种知

蒙古人的马、弓箭与饮食

蒙古人把草原生活方式中适合远征的因素（可以远征的马，可以远距离杀敌的弓箭，方便保管的肉干）发挥到极致，因此建立了横跨欧亚大陆的庞大帝国

识文化等，从中获取更大利益。

蒙古人之所以热衷于四处征战，确实和争夺贸易网络的掌控权息息相关。但他们身上还有与其他民族不同的特点。他们生活在一望无际的草原上，对草原的地形了如指掌。地图上复杂的横贯亚欧大陆的各种贸易通路，他们心

里都一清二楚。在此基础上，蒙古人对地中海、中国、印度、阿拉伯世界等贸易网络上的货物产地及消费者，以及每条贸易通路都心里有数，他们希望能够集中并掌控这个网络中所有的财富与权力、知识与文化。换句话说，蒙古帝国统治者有着完全掌控亚欧大陆贸易网络的强烈欲望。

而这种欲望最终能够开花结果，起决定性作用的人物是成吉思汗，即铁木真。铁木真把蒙古人整合为一个整体，让族人看到了建立蒙古帝国的希望；他把族人团结到一起，号召他们和自己一起努力，试图把整个亚欧大陆贸易网络收入囊中。

1162年，铁木真出生的时候，蒙古各部在恶劣的自然环境中进行着激烈的争斗、拼杀、绑架、抢掠等。铁木真作为部落首领的儿子，在这样的背景下也不可避免地经历了部族之间的争斗，经历了很多艰险与困难。在艰难度日的时期里，铁木真并没有变得沮丧和愤怒，反而对蒙古人的未来充满憧憬。一个团结统一的蒙古，一个没有部族间争斗与掠夺的蒙古，一个能够正面对抗他族的蒙古！在严明的纪律下、在平等的关系上凝聚在一起的具有坚忍精神的蒙古人，不做偏安于草原一隅的牧人，而是要成为亚欧大陆的主人！

铁木真一步步实现着自己的宏伟构想。他重视约定与协定，不忘施恩于自己的人，对待敌人态度宽容。曾经充满矛盾、相信适者生存法则的蒙古社会，开始逐渐崇尚信赖与正直、公平与正义，铁木真周围团结了一大批忠诚的朋友与部下。此外，铁木真还具有军事天赋，他利用蒙古兵特有的骑射速度，展开了灵活的游击战，从敌人侧面展开进攻，或者从后方迂回包抄，瞬间就可以决定性攻克敌人的指挥大营。这使得他在部落间的战争中屡战屡胜。他能够将战利品公平分配给所有将士。1206年，铁木真击败了所有的竞争者，成为“伟大的蒙古人的可汗”，人称“成吉思汗”。

成吉思汗为了增强蒙古各部之间的团结，进行了多方

成吉思汗铁木真

蒙古草原上高高耸立的成吉思汗铜像。他作为“英雄中的英雄”将永远被人们铭记

面努力。首先，他颁布了帝国的大札撒《成吉思汗法典》，严禁蒙古人之间进行人口买卖、争斗、掠夺、偷盗等；减少蒙古人内部矛盾，团结大家和自己一起为建立帝国而努力。同时，他尊重宗教信仰自由，选拔信仰伊斯兰教、佛

教、基督教等各种宗教的人才留在自己身边。他规定蒙文是帝国官方文字，奖励文艺创作，鼓励诸如《蒙古秘史》这一类史书的创作与发行。他甚至还任命曾经服侍过敌人的人为自己儿子的家庭教师。无论出身多么卑贱，只要是对自己尽职尽忠的手下，他都可以提拔为指挥官。他还会免除穷人的税赋。

成吉思汗逝世于1227年。去世前，他先后击败了多个国家，在广袤的大草原上建立起由自己统治的大帝国。这一时期，蒙古帝国的领土已经相当于罗马帝国全盛时期的两倍多，与欧洲、中国、阿拉伯国家及印度等国和地区接壤。成吉思汗死后，1229年，他的第三个儿子窝阔台被推为大汗。窝阔台完全继承了成吉思汗的政治遗产，拥有团结一心的蒙古部族，在宗教信仰方面采取超民族的宽容态度，他还拥有极具战斗力的部队。

窝阔台同样继承了成为亚欧大陆统治者的帝国梦想。在他统治时期，蒙古征服了中国北方的金，让高丽王朝、吐蕃、印度北部都归顺为蒙古属国，还横扫今天俄罗斯所在地区及东欧。窝阔台死后，蒙哥汗掌握了权力；他调整租税制度，进行户口调查，试图系统地对帝国加以统治。蒙哥在宗教及文化层面也是秉持开放态度的统治者，在蒙古帝国的首都哈拉和林，佛教、基督教、伊斯兰教信徒共同生活，那里的建筑是亚洲样式与欧洲雕塑的融合，出身于中原的官吏与伊斯兰商人都能在蒙古帝国担任重要官职。

蒙哥汗派弟弟忽必烈出征中原，旭烈兀出征阿拉伯国家。忽必烈在中华大地上长驱直入，灭掉南宋，征服今天的云南、缅甸地区，让大越成为藩属国。在征服过程中，忽必烈尊重中原文化与传统，甚至把国号改为“元”。他称自己为中国人的皇帝，显示了愿意与当地各民族友好相处的意愿。与他不同，旭烈兀在进攻阿拉伯国家时，屠杀了参与抵抗的阿拉伯人，攻陷神圣的黄金之城——巴格达，在阿拉伯国家中心城市建立了伊尔汗国。在旭烈兀所建的伊尔汗国，最初比起伊斯兰教，统治者更重视藏传佛教与基督教。但到了第七位大汗合赞时期，为了得到占国民大多数的穆斯林的拥护，他自己也改信伊斯兰教，甚至把名字也改为马哈茂德·合赞，使得伊尔汗国变为彻底的伊斯兰国家。

建立在宏大梦想及开放包容基础之上的蒙古帝国，几乎征服了亚欧大陆的所有地区；在征伐过程中，帝国杀害了各民族的许多百姓，也令很多国家失去了主权。因此，被蒙古帝国控制的地区的民众，对帝国的统治反抗得非常激烈。到了 14 世纪后期，蒙古帝国的统治实在难以为继。蒙古统治者在欧洲当地的残酷统治遭到了波兰人与罗斯人的强烈反抗，帝国最终走向解体。1368 年，朱元璋军推翻了元朝的统治。一望无际的欧亚草原，又变成了突厥人的天下，其间散落着像伊尔汗国这样的几个小国。蒙古人用强大的军事能力在人类历史上建立了史无前例的庞大帝国，实现了他们野心勃勃的梦想；但可惜他们最终没能很好地把各民族整合到一起，未能得到各民族的共同拥护。

拔都的黄金军团

成吉思汗把窝阔台指定为继承人的时候，有一个人异常失望，那就是窝阔台的哥哥、成吉思汗的长子术赤。术赤在窝阔台被指定为汗位继承人之后，再也没见过成吉思汗，而且先于成吉思汗去世。但术赤有一个非常善于带兵打仗的优秀儿子，叫拔都。拔都作为成吉思汗的孙子，在窝阔台麾下立下赫赫战功。他接受窝阔台的命令，带领军队出征欧洲。借着这个机会，拔都决心离开窝阔台治下的蒙古草原地区，去外边建立一个属于自己的世界。

拔都所率领的蒙古大军夜宿金色帐篷，人们因此称他所建立的国家为“金帐汗国”。他们所进军的第一个目标就是基辅罗斯。拔都大军渡过伏尔加河，占领并烧杀掳掠了罗斯托夫和雅罗斯拉夫尔，占领了基辅罗斯。对于建立超民族共同体以及协作融合等毫无兴趣的拔都，乘胜占领克里米亚半岛、保加利亚、匈牙利等，准备进攻奥地利，去和哈布斯堡王室对决。就在拔都准备把整个欧洲收进囊中的时候，窝阔台去世的消息传到了拔都的帐内。拔都为了参加推举窝阔台继承者的蒙古诸王大会——忽里勒台，只好返回东方，他所带领的蒙古大军在欧洲的征程到此结束。

莫卧儿帝国

莫卧儿帝国是帖木儿一名叫巴布尔的后裔所建立的。莫卧儿帝国的主要活动舞台是南亚次大陆。

印度拥有广袤而肥沃的土地，许多民族在这里争夺或者互相协作，建立起国家，并最终发展为帝国。在亚欧大陆贸易网中，印度是香料等货品的主要产地，并且是中国—东南亚—印度—伊朗高原—阿拉伯这条印度洋贸易之路的核心。

印度还是印度教、佛教、耆那教、锡克教等宗教派别共存的地方，对东亚佛教文化的形成以及东南亚印度教-佛教文化的形成都有着重要影响。正因如此，印度经常成为周边帝国觊觎的目标，其部分领土也曾经被波斯、阿拉伯、蒙古、帖木儿等帝国占领过。最令周边帝国虎视眈眈的地区，是印度文明的发祥地，历史悠久、商业发达的拉合尔、德里等西北部城市。

作为帖木儿后裔的巴布尔，在其统治中亚的草原的野心以失败告终之后，就把目光投向了印度。从草原败退的巴布尔最先来到的地方就是今天阿富汗的首都——喀布尔。经由这里，巴布尔大军穿过开伯尔山口向德里进军。他们在帕尼帕特平原击败了罗地王朝的军队，占领了印度北部地区。

开伯尔山口

亚欧大陆上有戈壁滩、青藏高原等天然屏障，其中最难跨越的要数喜马拉雅山脉。险峻高耸的喜马拉雅山脉在中国与印度、伊朗高原之间形成了一道分界线，使得各个帝国之间无法轻易越界，同时又各自形成独特的文明。

也就是说，从印度的立场来看，喜马拉雅山脉就是对印度加以保护的天然屏障。但在这道屏障当中，也有着人们可以通行的路。古时生活在高原的人忍受着稀薄的氧气与酷寒，驱赶着牦牛在中国与印度之间往来。从中亚的草原或者伊朗高原出发的商人，要通过平均海拔为 1 070 米的崎岖的开伯尔山口进入印度。

开伯尔山口是侵略者进攻印度的必经之路。波斯帝国的军队、亚历山大大帝的军队，还有蒙古帝国的军队，都曾经通过开伯尔山口攻入印度。到了 16 世纪初，巴布尔的军队又沿这条路进入了印度。

险峻的开伯尔山口

德里与拉合尔

从贾玛清真寺俯瞰德里的街道（上）与拉合尔的风筝节（下）。这两座城市都是在公元前就常见于神话与传说的城市。德里与拉合尔自古盛产织物与香料，文化发达，一直是权力与财富争夺的对象。现在，这两座城市依旧是印度与巴基斯坦十分重要的城市

帕尼帕特战役是使用火药与大炮的早期战役之一。火药与大炮的使用始自中国宋代，在蒙古大军的攻城战中被广泛使用，其威力震惊世人。而且，将在后文出现的奥斯曼帝国也善于使用火药进行战斗，并最终建立起强大的帝国。巴布尔率领的军队在帕尼帕特战役中最引人注目的一点，就是史上第一次出现了野战炮兵的概念。此前，大炮作为攻城武器，只在大军包围城池后，才慢慢被拖拽到城下，用来炮击城墙，这是当时比较常见的大炮使用办法。然而，巴布尔在军队与军队短兵相接（野战）的战斗中，也开始使用大炮。他让士兵把大炮的炮身保护好，然后把大炮装在一种轮式推车上，以便移动及进行炮击。

这种兼具机动性和可操作性的野战大炮，巴布尔至少携带了 10 门以上，而罗地王朝的军队则以象兵为主。双方作战的时候，巴布尔的大炮一起炮击，象群受惊跑回己方阵营，造成死伤无数。巴布尔的军队人数还不及罗地王朝军队的一半，但因为运用了新武器及战术，反而取得了胜利。帕尼帕特战役之后，巴布尔结束了在印度北部的征服，建立了莫卧儿帝国。

巴布尔死后，莫卧儿帝国中伊斯兰教色彩浓厚的蒙古统治阶层，与信奉印度教的被统治阶层之间矛盾重重，整个帝国风雨飘摇。这时，莫卧儿帝国也像其他帝国一样，努力用宽容与开放的政策以及强调社会融合来克服这一危机。

阿克巴

阿拉伯语，意为“最伟大”。

在莫卧儿帝国的历史上，最值得瞩目的，是第三代皇帝阿克巴大帝统治时期。阿克巴大帝在位期间，莫卧儿帝国在军事上取得了巨大成功。他把莫卧儿帝国的领土扩张到南亚次大陆全境。

帝国建立后，阿克巴大帝为了促使多民族与多宗教的印度成为一个具有凝聚力的国家，在许多方面做出了突破性努力。首先，他没有对被征服地区的原统治阶层进行迫害，反而尊重他们，并希望与他们建立友好关系。他还与一些地方的掌权者通过联姻、和亲的方式来巩固关系，自己也迎娶了一名印度教信徒，传递出希望社会各民族间相互融合的信号。阿克巴按照伊斯兰律法中对待亲家的标准去对待自己众位妃子的父母，把他们视作王族的一员。他强调，联姻不是要求支配与服从的手段，而是搭建一座相互扶持的桥梁。在阿克巴的宫廷里，伊斯兰教贵族与印度教贵族聚在一起商讨

莫卧儿帝国的最大疆域

17 世纪左右，阿克巴大帝去世后，莫卧儿帝国迎来全盛期。莫卧儿帝国曾经统治过今天的巴基斯坦地区及印度全境。

帝国的未来，形成了新的宫廷文化。以上这些都为莫卧儿帝国最终成为颇具创造性的多民族共同体打下良好基础。

基于同一目标，阿克巴大帝废除了非穆斯林原本必须交的人头税，对帝国内所有民族实行公平的税赋政策。而且他还创立了名为“丁伊-伊拉黑”的宗教（意为“神圣宗教”），并将其定为国教。它是糅合了伊斯兰教、印度教、基督教等多种宗教教义的精髓而创建的。阿克巴不仅以宽容的宗教政策治国，还追求超越宗教的各民族间的相互协作与融合。

除了帝国行政、宗教方面的融合之外，阿克巴还希望促进知识与文化层面的交融。他建立了当时世界上最大规模的图书馆，里面保管着波斯语、阿拉伯语、印度语等多种语言的书籍。各种翻译家、作家、图书评论家积极活动，莫卧儿帝国显示出社会融合的气象。在这样的背景下，到了阿克巴大帝时期，帝国已拥有众多优秀学者并研制出“多管炮”这样的新式武器，同时，在原来自然科学的基础上，印度在天文学及化学方面也取得了飞速发展。这些都源于阿克巴大帝为学者们提供的非常好的学术环境。

多管炮
一个炮台配有许多炮筒或者发射器的大炮。

泰姬陵坐落于曾作为莫卧儿帝国首都之一的阿格拉的近郊，是由“建筑狂”——莫卧儿帝国黄金时期执政的皇帝沙贾汗下令建造的。此外，他还下令建造了贾玛清真寺、德里红堡、撒拉玛公园（夏利玛尔公园）等。

在这一系列努力下，阿克巴大帝最终成功促进社会各方面的融合及发展。在他统治时期及之后的 100 多年里，莫卧儿帝国一直处于发展的黄金期。莫卧儿帝国这一时期的“文艺复兴”，为今天的印度文化奠定了雏形，留下了许多享誉世界的艺术作品及建筑。那时的莫卧儿帝国，处处都有天文台，数学、哲学、化学及天文学都获得飞速发展。南亚次大陆进入了一段相对平稳的发展期，农村也一派繁荣景象。各地的农民在耕种农田之外，还能够从事造船及织物生产，在相关产业领域为帝国经济发展做出了很大贡献。帝国平稳的货币体系，使农民们更加积极地生产各种特产，并把它们远销奥斯曼帝国及中国等地。

“如何才能够建立多民族共同体并长远发展下去？”对于这一问题，莫卧儿帝国的统治政策与实践给出了最好的答案。在 19 世纪末英国军队带着长枪短炮踏上印度的土地之前，莫卧儿帝国虽然内忧外患不断，但一直维持着其统治。

奥斯曼帝国

奥斯曼帝国是奥斯曼土耳其人（以下简称“土耳其人”）建立的，在 15 世纪时作为地中海地区及阿拉伯世界的核心国家发展起来，17 世纪进入了全盛期，第一次世界大战之后解体。

土耳其人的祖先有着自己的民族文化，生活在蒙古高原与中亚的草原相接的苦寒之地——阿尔泰山脉周边。后来，他们以中亚的草原为中心，逐渐向四周迁移分散，各自形成不同的小部族。

奥斯曼帝国的发源地在安纳托利亚半岛上的高原地带。相当于今天土耳其的安纳托利亚半岛与地中海、黑海相接，尤其半岛西部的小亚细亚地区，自古以来就是财富与权力聚集之地，也是地中海地区的重要组成部分。但是最早土耳其人是游牧民族，生活在离富裕的海岸地区稍远的地方。他们主要活动的安纳托利亚高原，在文明发达的其他帝国民族眼中，一直是蛮荒之地。巴比伦、亚述、波斯等位于美索不达米亚平原及伊朗高原的帝国，它们与安纳托利亚的游牧民族的关系，就像中国与其周边游牧民族的关系一样。即使在罗马人看来，安纳托利亚地区也是一个难以管理的偏僻之地。

从以上内容我们可以看到，土耳其民族生活在亚欧大陆上险峻寒冷的山地、广阔的草原、暴晒的沙漠及干燥的高原地带，还有海水盐度很高的里海及黑海周边，他们在那种恶劣的环境中建立了自己的国家，显示出超强的适应能力。尤其是阿拉伯帝国建立后，阿拉伯世界到处都有土耳其人，甚至还曾建立了被称为塞尔柱的帝国。

从民族和文化层面来看，土耳其人对蒙古帝国的统治者产生了很大的影响。因此，在蒙古帝国走向没落的时期，那些生活在中亚的蒙古人，在土耳其文化及伊斯兰教的影响下，比起蒙古高原的同族更像土耳其人。因为土耳其人自称是突厥的后裔，所以这类人又被称为突厥化蒙古人。土耳其民族总是不受地域与国境线的限制四处活动，与许多民族交往，与他们进行文化交流，是亚欧大陆上真正意义上的游牧民族之一。他们的这种适应能力及开放态度，使得他们最终能够建立起自己的帝国，并且在超过600 年的时间里，在阿拉伯世界以及地中海地区创造出璀璨的民族文化。

奥斯曼帝国诞生之初很平凡。帝国的名字来源于开国君主奥斯曼一世。原来的塞尔柱帝国分裂时，他只是安纳托利亚高原上许多部族联盟中的一个部落首领。奥斯曼与

塞尔柱帝国的最大疆域

11 世纪末，马利克沙一世统治时期，塞尔柱帝国的疆域达到最大。当时的首都是伊斯法罕。帝国民族主要信伊斯兰教。

其子奥尔汗打败了当时安纳托利亚高原上的其他竞争者，然后又把目光投向了西边的拜占庭帝国。当时，拜占庭帝国与塞尔柱帝国及欧洲十字军连年争战，同时又与威尼斯不断争斗，国力日益衰微。1324 年，苏丹奥尔汗的大军成功占领了临近地中海地区的拜占庭帝国的主要城市布尔萨。

1380 年，土耳其人将威尼斯的势力赶出希腊北部，在巴尔干半岛又战胜了塞尔维亚人。1396 年，土耳其人又在多瑙河附近的尼科堡打败了由匈牙利、波兰、法国等国组成的联军，确立了对地中海地区东北部的统治权，成为名副其实的强大帝国。然后，奥斯曼帝国瞄准了地中海地区的核心城市——君士坦丁堡。

1402 年，奥斯曼帝国受到帖木儿军队的进攻，遭遇惨败，帝国出现分裂，进入了休养生息的阶段。苏丹穆拉德二世统治时期，奥斯曼帝国重新崛起，拥有强大兵力与新式武器的帝国再一次打败了欧洲的十字军。1453 年，奥斯曼帝国利用大型桨帆船及大炮、火绳枪等尖端武器及大规模兵力占领了君士坦丁堡。

占领了君士坦丁堡的奥斯曼帝国苏丹穆罕默德二世开始推行民族融合政策。他承认东正教的合法地位，承诺只要基督徒接受奥斯曼帝国的统治，就保护他们的财产。他声称自己来到这里只是为了把民众从拜占庭帝国末期的政治纷争及威尼斯的经济掠夺中解放出来。他的这些怀柔政策取得了效果，使得奥斯曼帝国从君士坦丁堡出发，在后来的数百年间不断征战四方，迎来了帝国发展的全盛期。

1520—1566年的46年间，奥斯曼帝国的苏莱曼大帝统治时期，帝国向南管辖着包括埃及与巴格达在内的几乎整个伊斯兰世界；向北征服了匈牙利大部并直接威胁奥地利。在外交方面，奥斯曼帝国也使用了相对柔和灵活的外交手段。苏莱曼大帝为了对抗奥地利的哈布斯堡王朝，与法国联盟；在印度洋上，为了对抗葡萄牙海军，还曾与索马里的一些小国结盟。

一直以来，独占从地中海地区通往阿拉伯世界的贸易网络，就是奥斯曼帝国的梦想。到16世纪中叶，奥斯曼帝国几乎实现了这一梦想，很多时候亚非欧大陆的贸易网络，没有奥斯曼帝国的允许，就无法实现货物以及知识、文化等的互通交流。但是，与此同时，奥斯曼帝国也有竞争者，那就是拜占庭帝国的宿敌——威尼斯以及哈布斯堡王朝等势力组成的联合舰队。联合舰队希望一举击败将希

哈布斯堡家族

统治着西班牙与神圣罗马帝国（德意志、奥地利等）的欧洲家族。16世纪，哈布斯堡王朝开始组建海军，后来这支海军壮大成为众所周知的西班牙“无敌舰队”。

奥斯曼帝国军

奥斯曼帝国军的主要构成是骑兵部队蒂马尔西帕希。“蒂马尔西帕希”一词意为从苏丹那里得到封地（蒂马尔）的骑兵（西帕希）。他们对君主的责任就是好好管理自己的封地，同时要培养一些步兵。换个角度来说，就是奥斯曼帝国根据自己的实际情况，灵活运用了拜占庭帝国原来的行政区制度，蒂马尔西帕希制度具有稳定底层平民生活的作用，同时又能培养战时所需的兵力。

巴尔干半岛上的许多民族都曾作为蒂马尔西帕希在帝国军队中服役。1380 年，奥斯曼帝国控制了希腊半岛北部及巴尔干半岛以后，就征巴尔干半岛上的居民入伍。尤其值得一提的是，在尼科堡战役中，苏丹奥尔汗利用所征服地区塞尔维亚的重甲骑兵部队，并且获得了胜利。从这一时期起，巴尔干半岛上的蒂马尔西帕希开始逐渐成形。他们都属于重装甲突击骑兵，与轻装甲兵以及武装了弓箭的土耳其骑兵形成了很好的互补。不仅如此，巴尔干半岛上的蒂马尔西帕希还在奥斯曼帝国的社会矛盾缓和方面起到了积极作用。巴尔干半岛上的许多民族因为不属于土耳其民族，很难进入统治阶层，有些人会有不受重视及被压迫的不满心理。但如果他们能够为奥斯曼帝国立下赫赫战功，就有机会进入奥斯曼帝国的上层社会，这也给了他们希望，减少了社会不满情绪。

接下来要介绍的是苏丹的耶尼切里（近卫军）。“耶尼切里”是在当时一种被称为“德夫希尔梅”的少年强制征兵制度下募集的军队。苏丹奥尔汗的儿子穆拉德一世为了牵制在帝国发展中积累下强大权势及巨额财富的土耳其贵族，决心建立一支与土耳其贵族没有任何关系、只对苏丹忠诚的军队。他对生活在巴尔干半岛上基督徒家庭中身体健康的男孩强制征兵，向他们灌输忠于苏丹及伊斯兰律法的思想，并且进行严苛的训练。虽然这些男孩组成的军队与达数万之多的蒂马尔西帕希相比人数较少，但却是忠诚于苏丹的精锐部队。他们在后来君士坦丁堡攻城战等重大战役中立下了赫赫战功。

望寄托在海盗身上的奥斯曼海军。

用大炮武装起来的奥斯曼帝国海军不仅管辖着地中海东部地区，同时也制约着红海、波斯湾、里海。当同盟国法国在同哈布斯堡王朝作战并先攻克地中海诸多岛屿的时候，“红胡子”巴巴罗萨帮助法国一起与西欧海军作战。1571年，在勒班陀海战中，奥斯曼帝国最终

败给了联合舰队，使其一向勇猛无敌的帝国形象暗淡许多；但奥斯曼帝国的海军依旧在地中海、北非、印度洋等地有着巨大影响力。由于奥斯曼帝国在海上实行霸权统治，欧洲各国不得不极力反抗奥斯曼帝国对整个贸易网络的独占与管控。为了摆脱奥斯曼帝国的管制，不经过它的领海而进行对外贸易，欧洲各国进入了寻找海上新航线的冒险时代。

奥斯曼帝国的统治者们以帝国在亚非欧大陆上的强权

统治为基础，试图把君士坦丁堡（后来的伊斯坦布尔）、亚得里亚堡、布尔萨等帝国中心城市变成财富、知识、文化交流的中心。就像前面所提到的拜占庭帝国与阿拉伯帝国那样，帝国如果想把从远距离贸易网络中所获的利益最大化，就需要在帝国的中心发展商业及各种产业。换言之，帝国的首都既要是集中生产或者加工贸易网络中所需商品的地方，也要是各种商品交易的商业中心；只有这样，整个贸易网络才会更加活跃，网络中所创造的财富才会更加轻易地集中到帝国中心城市来。如果帝国能够保障工商业持续繁荣发展，有征收税金的稳定行政体系做后盾，帝国的统治者就可以积累越来越多的财富。

奥斯曼帝国在促进工商业发展及税收等积聚财富方面花费了多少心力，通过帝国实施的政治经济举措就可以一目了然。首先，在奥斯曼帝国的行政部门中，占有最重要地位的人就是税务官。为了保护工商业收益，调整多种复杂利害关系，确保国家收入稳定，奥斯曼帝国把收税机制

奥斯曼帝国的最大疆域

17 世纪中叶，奥斯曼帝国的领土范围达到最大。

看作帝国最重要的组成部分。

同时，为了促进帝国工商业发展，奥斯曼帝国还引进了许多犹太人。犹太人是当时欧洲工商业方面发展最好的民族，但因为宗教原因，他们常受到西欧社会基督徒的歧视和迫害。奥斯曼帝国充分发挥犹太人的经商才能，并且努力保障他们的宗教自由，以期让他们对帝国经济发展做出更多贡献。

奥斯曼帝国的这些政策最终有了成效。在帝国中心城市中，所有的产业（玻璃和金属工艺品、纺织和染色、地毯织造等）都比曾经的阿拉伯帝国以及拜占庭帝国发达许多，在其主要的大都市里，形成了许多超大规模的交易集市。

此外，帝国中心城市所汇聚的文化财富也相当可观。奥斯曼帝国因为阿拉伯世界与地中海地区多种文化的汇聚而进入了文化发展黄金期。奥斯曼帝国在文化方面的这些成就，当然是缘于帝国统治阶层在经济发展的多样性及包容性方面所做的努力；文化的发展也反过来促进了帝国经济的持续发展，以满足文化产品发展需要以及对各种特产的需求。尤其是奥斯曼帝国的诗歌，更是达到了阿拉伯文学的顶峰。融合了阿拉

诗歌

奥斯曼帝国曾把阿拉伯文学中的一些诗歌结集成册出版，诗集名为《迪万》。后来，“迪万”成了阿拉伯诗歌的代名词。

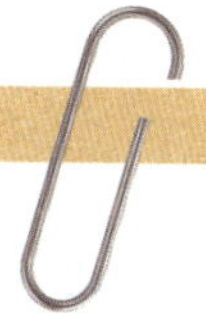

伊斯坦布尔的大巴扎

意为“超大市场”的大巴扎，曾经是奥斯曼帝国财富与贸易中心，也是当时最大规模的市场。今天已经发展成这种现代化大集市了

伯及拜占庭帝国建筑特点的各种美丽建筑，在帝国城市街道上随处可见。在美术方面，奥斯曼帝国也同样综合了阿拉伯世界、中国、拜占庭及西欧各国的美术成就，在世界美术史上留下了美丽的篇章。

奥斯曼帝国在中心城市里建设了许多巨大的图书馆，

奥斯曼帝国的艺术

奥斯曼帝国的伟大建筑——苏丹阿赫迈特清真寺（上，蓝色清真寺）与帝国伟大的艺术家纳卡斯·奥斯曼的作品（左）。苏丹阿赫迈特清真寺与拜占庭帝国的圣索菲亚教堂既相似又不同。奥斯曼帝国的美术作品受到了伊朗高原各民族、阿拉伯国家、拜占庭与意大利等国影响，开出了灿烂的艺术之花

里面装满了用各个国家语言创作的书籍及译本。据传，奥斯曼帝国的苏丹曾说，他认为帝国里最珍贵的宝库就是装满了各种古书的图书馆。整个帝国的首都，就是一座知识的宝库。在这里，天文学、数学、物理学、化学等各个学科不断发展，航海术、造船术、制造大炮及火绳枪的技术不断提高，帝国的建筑以及其他公共领域也都获得了高速发展。

在这样的背景下，奥斯曼帝国以开放性和创造性为基础，逐渐发展为强大帝国。但后来，随着帝国的日渐没落，奥斯曼帝国的这种开放性和创造性逐渐发生了转变。这主要是因为欧洲各国不断积蓄力量并崛起。在北方，奥斯曼帝国受到了俄国的挑战；在巴尔干半岛，许多民族想摆脱帝国统治，建立自己的独立国家。从不休止的战争，使得帝国不停地征兵和收取赋税，各地民众为此不断起义反抗。奥斯曼帝国逐渐以镇压代替了开放，以保守代替了创造，直到第一次世界大战，奥斯曼帝国战败解体。

满者伯夷帝国

坐落在太平洋西南部的大巽他群岛中的印度尼西亚，由大约 18 000 个大大小小的岛屿构成。这个赤道上的国家年平均气温很高，降水丰富。这种热带气候，导致岛上各种生物繁盛，物种丰富。在散落于海洋中的那些岛屿上，到处都能看到一些独特的物种。

苏拉威西岛东部的东马鲁古群岛是印度尼西亚自有香料肉豆蔻、豆蔻皮以及丁香的产地。肉豆蔻和豆蔻皮都是从一种核桃形状的果实中得来的香料，种子叫作肉豆蔻，皮就叫豆蔻皮。丁香是来自花朵的香料。虽然这些名词听起来有些生疏，但事实上，我们在生活中用到它们的时候特别多。

肉豆蔻和豆蔻皮里面都含有对身体有益的成分，所以在加工鱼类食品或者制作调味料的时候经常使用，腌制泡菜或者做番茄酱的时候尤其常用。丁香有防腐及杀菌作用，在腌制泡菜或者止痛方面都比较有效。据说牙痛的时候，采几片丁香含在嘴里，会有止痛的作用。因此，在传统医学里，丁香被当作药材使用。即使在今天，化妆品、牙膏以及各种药品里也会使用丁香。丁香是在做糖腌制品、肉汤、调味料、蛋糕、泡菜以及荤菜的时候必不可少的香料。

13 世纪末，印度尼西亚东爪哇诞生了一个能够掌控肉豆蔻和丁香等香料贸易的海洋帝国——满者伯夷（也称“麻喏巴歇国”）。建立满者伯夷帝国的民族就是当地的普通民众。他们击败了忽必烈派来的远征军，守护了爪哇的独立，这些都说明他们有能力建立起自己的帝国。满者伯夷帝国就像东南亚的高棉帝国一样，维护印度教与佛教共存共融的宗教体系。尤其是印度教，在王族死后，给逝者以印度教中神的待遇，增加了王权的神圣感。满者伯夷建立之初，还与苏门答腊王国缔结姻亲关系，希望有朝一日可以统治印度尼西亚的各民族。

带领满者伯夷走向帝国的人既不是当时的皇帝，也不是王，而是首相卡查·玛达。14 世纪初，住在爪哇岛上的卡查·玛达希望把今天的印度尼西亚全境、马来半岛和菲律宾南部地区都置于帝国羽翼之下。他

印度尼西亚的动植物

犀鸟、大王花、红毛猩猩、丁香、肉豆蔻、科莫多巨蜥（从左上按照顺时针方向）。印度尼西亚是物种的宝库

开始进行建立帝国之战，并立下了著名的“帕拉帕誓言”。“帕拉帕”的意思是水果与香料。他的帕拉帕誓言的主要内容是在满者伯夷征服苏门答腊岛、巴厘岛、科莫多岛、苏拉威西岛、婆罗洲、马来西亚、马鲁古群岛等地之前，绝对不会食用大自然馈赠的美味食品，并且禁欲。卡查·玛达是满者伯夷帝国得以建立的领路人，他为官清廉，对国家有奉献精神，是以身作则的典范。现在印度尼西亚的主要出口产品——用优质的木材建造的木船，就始自卡查·玛达统治时期。他曾带领使用木制战舰的舰队进击满者伯夷周边的数千座岛屿。

当时，满者伯夷的民众与卡查·玛达的梦想并不是统治印度尼西亚全境，而是把许多重要岛屿都置于帝国势力范围之内，对岛屿之间的海峡加以管辖，同时还要保护那些装满帝国香料的船只安全地驶向东方与西方世界。最终，卡查·玛达履行了自己的誓言，他把帝国的舰队分为五支，对重要的海峡与海域进行管辖与统治。帝国的海军尤其对马来半岛与苏门答腊岛之间的马六甲海峡、苏门答腊岛

卡查·玛达

卡查·玛达虽然拥有很大的权力以及国内民众的普遍拥护，但他从没有过觊觎皇帝的宝座，是一位清廉正直的领导者

与爪哇岛之间的海峡、爪哇岛与巴厘岛之间的海峡实施重点保护，以阻止海盗抢掠，保护商船。与此同时，满者伯夷帝国从香料贸易中也获得了巨额利润。在整个帝国之内，金币广泛流通，帝国经济实力不断增长，这些不断增加的帝国收入，最终又都被用于提升海军作战能力。

帖木儿帝国

帖木儿帝国是蒙古帝国解体之后出现的又一个游牧民族国家，其统治一直延续到16世纪初。帖木儿既是帝国的名称，也是帝国建立者的名字，他出生于蒙古贵族家庭。在蒙古帝国解体之后，蒙古一些部族受到了土耳其人的影响，形成了以伊斯兰教为中心的文化氛围。因此，帖木儿帝国把目光转向了位于中亚的土耳其伊斯兰游牧世界与伊尔汗国等。

到14世纪后期，帖木儿帝国已经控制了从伊朗高原北部到里海之间的中亚游牧民族所生活的区域。而这个地区的实际统治者为维护蒙古帝国传统的察合台汗国。帖木儿帝国还攻击了伊尔汗国。到1405年帖木儿去世前，帖木儿帝国已经征服了伊尔汗国，把巴格达置于掌控之中，向西到达安纳托利亚半岛及叙利亚地区，向东则统治了印度西北部广大地区。

帖木儿帝国的征服战争非常惨烈，战争死亡人数据估计超过了1 000万。在旭烈兀的征服战争中曾

沙赫静达陵园

帖木儿帝国的沙赫静达陵园。帖木儿帝国在建筑及美术方面的经典设计样式，在今天的伊朗、伊拉克、土耳其等国家随处可见

经被掳掠过的巴格达，以及伊朗高原上的阿拉伯世界，在帖木儿帝国的征服战争中，据推测都遭到非常残酷的掠夺和洗劫。帖木儿帝国的征服过程，就像历史上的罗马帝国洗劫当时的迦太基一样惨烈，这也使得它最终跃升为当时亚欧大陆贸易网络的统治者与掌

控者。

帖木儿帝国通过一系列的征服战争，努力把当时亚欧贸易网络中的财富与知识等，尤其是阿拉伯世界的璀璨文化，都集中到帝国的统治中心来。帖木儿帝国统治者对文化知识的渴求在当时简直可以用如饥似渴来形容，这也使得帖木儿帝国时代的阿拉伯世界，在文学、美术、建筑等方面的造诣都达到了顶峰。在撒马尔罕和赫拉特等帝国中心城市，到处都可以看到伊斯兰穹顶建筑、华丽的镶嵌画以及细密画。

近现代帝国的兴亡，变幻莫测的世界

在亚欧大陆上，游牧民族曾经依赖当时最便利的交通手段——马匹征服了世界。但是，后来的世界则属于那些掌握航海术等更发达的交通手段以及拥有枪支、大炮等新式武器的帝国。

拥有发达的交通手段及征服能力的帝国，最先出现在人类历史的主要舞台——亚非欧大陆贸易网络中一直孤军奋战的西欧地区。先是拥有航海术及枪炮、一直从事海上贸易的葡萄牙与荷兰脱颖而出，后来拥有大量殖民地的日不落帝国——英国又开始称霸世界。由于这一时期，主要是欧洲国家争先恐后地开拓海外殖民地来实现对世界版图的统治，所以这一时期在历史上被称为欧洲帝国主义时代。

欧洲列强并不是像以前的帝国那样，通过加强多民族融合与协作来使帝国变得强大，而是利用占有绝对优势的强大军事能力来对殖民地民众施行剥削与压榨。与此同时，帝国主义列强政治经济的不平衡发展与对霸权和殖民地的渴望是导致两次世界大战发生的原因之一。战后所建立的帝国开始朝着两个方向转变。一是比起之前依靠武力征服来建立和统治帝国，更多的时候是依靠思想、文化、经济、科技的力量对其他国家与民族实施间接统治，从而实现隐藏的帝国之梦。二是这一时期建立的帝国，超越了国家与民族的局限，客观上促进了整个人类社会的互通与协作。

西欧海洋强国——葡萄牙与荷兰

在很长一段时间里，葡萄牙都偏安于地中海西面的直布罗陀海峡外围，仿佛一个被人类社会遗忘的国度。它的地理位置距离贸易要道较远，也没有什么可以用来进行贸易的特产。但这个国家也有它的特点，那就是这里的人民天生是属于大海的。葡萄牙一词本身就是“温暖的港口”的意思，这也说明了葡萄牙这个国家和海洋有着不可分割的紧密联系。这里的民众掌握着从印度、阿拉伯、中国等地传入的造船术、测量术、航海术等知识，在捕鱼及航海

贸易站

贸易站可视作小型定居点，包含港口、要塞。葡萄牙以这样的方式最终建立起帝国

方面有着丰富的经验与自信。

葡萄牙并非一开始就有明确的帝国建立计划，只是在贸易上勇于另辟蹊径而已。葡萄牙商人不经过中间商，直接从印度进口香料，再贩卖到欧洲各国，希望借此发家致富。那时候，强大的奥斯曼帝国的海军正打算从地中海向着更广阔的大西洋进发。而葡萄牙的船员们则逆着风，驾

驶着他们的三角多桅帆船，带着火炮，沿着非洲西海岸向南进发，开拓新港口。1445 年，他们在西非的阿尔金岛上建立了一个贸易站。

1488 年，巴尔托洛梅乌·迪亚士到达了非洲最南端好望角。1498 年，瓦斯科·达·伽马找到通往印度西南部的航路。达·伽马不仅游历了阿拉伯世界、印度，还开辟了经过欧洲、绕非洲南端好望角到印度的新航线，而那片土地上有着欧洲人梦寐以求的香料。

从那以后，葡萄牙的历史几乎全是葡萄牙人在本国与印度的新航路之间不断建立贸易站的历史。其中一些贸易站是通过与当地人合作，以和平的方式建立起来的，但更多的则是通过大炮强迫当地人屈服之后，以殖民方式建立的。理由很简单，葡萄牙没有什么好的本土货物可以出口非洲、印度或者东南亚，也没有什么可以输出的文化与知识财富。假设你是非洲西海岸一个部落的首领，你会与一个两手空空还流着口水的来访者进行合作吗？因此，葡萄牙人几乎每去一个地方，都是强迫当地人进行单方面交易（没有出口、只有进口的单向交易）。葡萄牙人以这样的方式，建立起一些重要港口，比如今天印度西海岸的果阿、马来半岛的马六甲、中国的澳门、日本的长崎等等。

葡萄牙人通过与印度、东南亚进行香料贸易，以及在非洲的许多殖民地、贸易站独占非洲黑奴贸易，积累了巨大的财富。但这之中也有很多危机。比如，在印度航线上，葡萄牙人遇到了很多强敌。第一个是在从非洲到印度的航线上驻守波斯湾的奥斯曼帝国的强大海军；第二个是反抗葡萄牙扩张的无数殖民地居民；第三个是随后也加入殖民扩张，而且比葡萄牙人口多、国力强的荷兰、英国、法国等国家。此外，要想利用远距离贸易网络积累更多财富，帝国中心城市必须能够促进工商业等行业繁荣发展，但葡萄牙国内并不具备这样的条件。这使得葡萄牙帝国虽然经历了短暂的繁荣期，成功开拓了西欧海上贸易航线，但却没有建立起稳固的经济基础，因此经过一段时间之后帝国便衰落下去。

葡萄牙帝国的全盛期结束后，荷兰接手了葡萄牙在印度与东南亚的香料贸易以及贩卖非洲黑奴的生意。当葡萄牙忙于在各地建立自己的贸易站的时候，荷兰正在与哈布

葡萄牙帝国的最大疆域

15 世纪末到 16 世纪初，葡萄牙形成了一个港口帝国。

斯堡王朝进行血腥的独立战争。

历史上，荷兰又叫“尼德兰”，16 世纪初受西班牙（哈布斯堡家族）统治，国内各种欧洲血统混杂，天主教与新教并存，所以荷兰人并没有明确的“荷兰人”的种族概念。直到他们忽然认识到自己与德国人、西班牙人等欧洲其他天主教国家、民族有所不同时，作为荷兰人的自觉及凝聚力才开始形成，最后成为包括新教加尔文主义在内的多种教派并存的共和国。

17 世纪初，荷兰逐渐发展成为欧洲的中心。荷兰人利用风车来抽干潮湿地区的水，把那里变成奶制品和郁金香的产地。荷兰还有许多其他利用风车动能的产业，尤其是造船业的发达使得荷兰具备了开拓新航路的能力。除了造船术，要想实现海上航行，还需要懂得天文及地图制作等知识。莱顿大学集合了当时很多有学识的人，笛卡儿这样优秀的学者也在这里做研究。不仅科学层面人才济济，文化层面还有伦勃朗与维米尔这样伟大的艺术家，他们最终使得荷兰成为当时的艺术家聚集地之一。

当时似乎一切资源都在向荷兰聚集。荷兰人的一种新发明使得荷兰一跃成为世界海上贸易强国。这个新发明就是股份公司制度。

1602 年，荷兰组建了一家垄断海上贸易的公司——

荷兰与橙色

荷兰人真的很喜欢橙色。一到了国庆节，荷兰全国就成了橙色的海洋。荷兰的足球、篮球、排球、冰球、手球等球队队服都是橙色的，而且为国家队加油的球迷连两颊都会用橙色颜料画上图案。但是，荷兰的国旗却是红、白、蓝三色组成的三色旗。那么，荷兰人为什么这么爱用橙色呢？

荷兰人之所以对橙色情有独钟，是源自领导荷兰独立战争的奥兰治亲王。“奥兰治”来自对“橙色”的音译。奥兰治亲王的家族延续至今，而这个家族的象征色就是橙色。因此，橙色就成了独立战争后荷兰人民族意识觉醒的代表色，也是荷兰人深深喜爱的代表着民族自豪感的颜色。

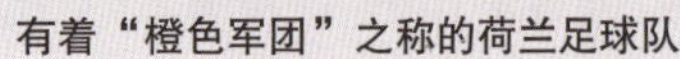

有着“橙色军团”之称的荷兰足球队

地理学家

荷兰画家维米尔的绘画作品《地理学家》(1669)。在17世纪的荷兰，艺术家和地理学家是很受尊敬的人

东印度公司。东印度公司拥有许多贸易船只，有实力的商人以购买其股份的方式对公司投资，这使它成为世界上第一家大企业，同时也是第一家股份公司。当时的海上贸易，需要具备大型船只、高级人才、大量的货物等许多方面的资源才可以达成，仅一艘船出海就需要大量资金。而

且，船只出海以后，会遇到暴风雨、海盗以及奥斯曼帝国的海军等等，风险较高，同时还要能够从地球的另一端平安把货物运送回来才可以赚到钱。所以，这些都决定了当时出海一次就能赚到钱的概率非常低，也意味着出海进行贸易的货船船长是以自身性命作为赌注的，而那些投资给船长的商人，则是以他们视如性命的金钱作为赌注。

但东印度公司的投资不是给某一艘船，而是投资给公司本身。这就意味着东印度公司的投资者不用再像以前那样，提心吊胆地担忧自己投资的船只不能安全返航，而是确信东印度公司的货船一定可以赚钱才进行投资。而且因为实行的是股份制投资方式，公司所赚取的利润会根据每位投资人所持股份公平分配。这种投资方式促进了现代资本主义的诞生。

荷兰东印度公司的诞生，使得投入长距离海上贸易的资金源源不断，而且数额巨大。荷兰的大型船只以及富有航海经验的船员，循着以前葡萄牙商船走过的航线在各地占领殖民地，成为香料贸易中的胜利者。而且当大西洋对面的美洲大陆被发现之后，荷兰又照葫芦画瓢地建立了西印度公司，把非洲的奴隶贩卖到加勒比地区（荷兰成为全世界最可恶的奴隶贩卖商之一）。阿姆斯特丹银行积累了巨额的资金，巨额的期权及股份在这里自由买卖。首都阿姆斯特丹的香料加工及销售产业非常发达，荷兰从亚洲的

股份公司

A 图画的是个人投资给单艘货船的投资方式，B 图画的是股份公司的投资方式。假设每艘货船都需要 100 亿元资金出海，安全返航后，每艘货船加上货物就合计价值 200 亿元。两张图中各画有四艘货船出海，其中三艘货船安全返航。

在 A 图当中，每个投资者把自己的全部财产 100 亿元投资到一艘货船上，如果货船安全返航，那么投资者的投资全部收回之后还赚了 100 亿元；但如果货船没能安全返航的话，那么那个投资者就破产了。而在 B 图当中，投资者以东印度公司股份制的形式进行投资，即使有一艘货船没能安全返航，剩余三艘货船也有着 600 亿元的价值，那么四个投资者不仅都能收回成本，另外还各赚了 50 亿元。如果你是投资者，需要把自己的全部财产进行投资的话，你会选择哪种投资方式呢？

香料贸易中攫取了巨额利润。荷兰国内物价上涨，经济增长迅速，到处弥漫着穷奢极欲的气息。

按照标准的资本主义创始者的发展轨迹，荷兰也没能避免最终走向没落。它的衰落不是因为征服或者解体，而是因为在残酷竞争中惨败。在竞争中打败荷兰的，是通过对殖民地以及殖民地各项产业实施直接控制而逐渐强大起来的帝国——英国。

大英帝国

16 世纪以前，在阿拉伯国家、中国、印度等国构成的亚非欧大陆贸易网络中，英国一次都没有唱过主角。它像一个被排除在文明世界之外的孤岛，没有什么发展得比较好的产业，商业萎靡不振。英国还曾遭受罗马帝国、日耳曼人、诺曼人等国家和民族的入侵与统治；英国人对自己的国家与民族没有清晰的概念，以爱丁堡为中心的苏格兰人与以伦敦为中心的英格兰人还不时发生激烈的对峙。

建立大英帝国的是英格兰民族。他们同前面提到的一些帝国民族一样，生活在文明世界的边缘，在与其他民族的交往中逐步发现了本民族的特点，从而产生了对本民族的自我认知。

在促进英格兰人的民族意识觉醒方面，宗教发挥了非常大的作用。亨利八世统治时期，此前好似欧洲边缘人的英格兰人在宗教、政治、经济等多方面受到来自欧洲其他天主教国家以及罗马教皇的压力，民众的民族意识开始觉醒。当时，亨利八世打算与出身于西班牙王室的王后凯瑟琳离婚，迎娶情妇安妮·博林。当时，罗马的天主教势力对英国的教会及政界有很大的影响力，亨利八世的离婚诉求需要得到教皇的同意。但教皇并没有表态支持亨利八世的离婚请求。于是亨利八世不顾周围大臣的反对，宣布自己与凯瑟琳的婚姻无效。同时，他还宣布英国教会从此脱离罗马天主教会的管辖，国王的王权高于教权，自己担任英国教会的最高首脑，英国国教会（英国圣公会）由此诞生。

亨利八世去世后，英格兰一度回到罗马天主教会的管辖下，受西班牙宗教势力支配。他死后，王权在其子女间转手，最终次女伊丽莎白一世稳坐王位。伊丽莎白一世把英格兰宗教统一为英格兰国教，并与西班牙和苏格兰的天主教势力对抗。她处死了苏格兰女王玛丽，把宫廷内亲西班牙的政治势力全部清除。伊丽莎白一世还批准以霍金斯与德雷克为首的私掠舰队在西非与加勒比海附近攻击葡萄牙与西班牙的货船，抢掠船上的财物与奴隶。被激怒的西班牙统治者决定进攻英格兰，派遣大规模的舰队向多佛

亨利八世

小汉斯·荷尔拜因《亨利八世》。这个长得不是很帅的男子，曾经几次结婚与离婚。他使英国从欧洲大陆独立出来

私掠舰队
在国家的许可及指示下像海盗一样在海上进行劫掠的舰队。他们不仅攻击敌人的军舰，而且一般的民用商船也不放过，会把船上的货物洗劫一空，与海盗别无二致。

海峡附近的法国海岸集结。西班牙原本打算从这里向英国东南部海岸运输陆军，但舰队却被英国海军突袭，损失惨重。

一生未婚的伊丽莎白一世去世后并没有王位继承人，于是王位由她之前处死的苏格兰女王玛丽的儿子——苏格兰国王詹姆士六世继承。这样詹姆士六世就成为英格兰、苏格兰及爱尔兰共同的国王，自称“英国与爱尔兰之王”詹姆士一世。1707 年，英格兰与苏格兰各自解散了自己的议会，联合成立英国议会，英国正式登上历史舞台。

17 世纪，英国不仅翻开了历史的新一页，更开始谱写大英帝国历史的新篇章。如果说在这之前，英国只是抢劫葡萄牙与西班牙的货物，威胁它们的海上贸易安全，那么到了 17 世纪，随着英国东印度公司与弗吉尼亚公司等企业在其独占的海外殖民地进行掠夺及贸易，英国进入了帝国快速成长扩张期。

英国在北美洲东部和加勒比地区占有许多殖民地，然后从荷兰贩奴商人手里购入大量奴隶运到殖民地从事烟草和甘蔗种植。随着殖民地经济规模越来越大，英国开始只允许自己的船队与自己的殖民地进行贸易，借以排挤荷兰贩奴商人。同时，他们在非洲建立隶属皇家的公司，直接从非洲西海岸买入奴隶。此外，英国东印度公司也循着荷兰的香料贸易之路开始进行买卖，直接威胁到荷兰商人在这方面的垄断权。这最终导致了 17 世纪到 18 世纪英国与荷兰之间的四次战争。最终，荷兰人守住了香料的贸易权，而英国则拥有非洲黑奴、美洲烟草与糖、印度纺织品的贸易权。

英国在海外的扩张使得英国经济飞速发展。从美洲和

伊丽莎白一世

乔治·高尔《伊丽莎白一世肖像》(1588)。“我虽然长着一副柔弱女子的身躯，但我有一国之君的心胸和心脏”，这是伊丽莎白一世流传于世的诸多名言之一。伊丽莎白一世在位期间(1588—1603)，英国向着帝国的梦想不断前进

印度运进来的纺织品及烟草、糖等廉价原材料，装满了伦敦、利物浦、布里斯托尔的港口，使得这些城市与服装、烟草相关的产业都得以发展。股票及债券等投资方式受到了极大欢迎，商人赚取了巨额利润，也促使英国国内产生了很多资本家。

英国从海上贸易、殖民地赚取的巨额财富，有相当大一部分投入了造船、舰炮、航海术发展等方面，这使得英国的舰队越来越强大。正因如此，18 世纪中叶，英国在突然爆发的七年战争中联合普鲁士、汉诺威等国对抗法国、西班牙、奥地利、俄国等国，取得了胜利，而且在后来同拿破仑的战斗中也是以胜利告终。

当时英国的战略方针是避免在欧洲大陆上进行大规模战争，主要是封锁这些敌对国家通往大西洋的出口，攻击他们来往于殖民地和本土之间的商船，炮击、破坏欧洲大陆和许多殖民地的港口。由于偏居于欧洲大陆之外，英国早期从人类文明发展中受益较少；但现在欧洲所有的国家与帝国，没有英国的许可，就不能进行海上贸易。

大英帝国军事力量的增强，加速了军需产业的发展，促进了经济增长，同时还使英国的海外殖民地及市场开拓有了保障，维持英国海上贸易的垄断权。随着不断的征服与殖民地开拓，英国贸易与工商业发展良好，终于发展成为一个帝国。

剑桥、牛津等英国的大学，是帝国科学与技术发展的孵化室。尤其是以艾萨克·牛顿为代表的剑桥大学，重视现代科学的基础学科——数学，从而使英国的科技力量发展迅速。17 世纪英国的这些大学，对科技发展的影响几乎达到了引起科技革命的程度。

大英帝国的疆域

第一次世界大战之后的 1919 年左右，英国有了一个新称号——“日不落帝国”。

到了大英帝国时期，葡萄牙等老牌帝国所表现出来的一些帝国特征，在大英帝国身上表现得更为明显。帝国的发展不再是像以前那样依靠帝国内部多民族的协作与融合，而是依靠武力征服与对殖民地劳动力和资源的榨取来实现的。虽然历史上的罗马帝国、阿拉伯帝国、蒙古帝国也是依靠武力来征服其他民族，对他们采取过歧视政策，收取额外税金，但这些帝国为了使被统治民族自愿合作，也都施行过很多政策来促进社会融合。同时，这些由多民族组成的帝国，尊重各民族的宗教信仰自由，保障各民族能够自由进行经济活动，尊重当地文化，给予他们公民权，借以维护帝国内的和谐稳定。后来随着帝国内部各民族间凝聚力下降，包容能力弱化，帝国最终走向了衰败。

欧洲的这些帝国并没有让其他民族眼馋的货物，他们毁掉了被征服民族的正常生活，侵吞了殖民地人民所创造的财富，没有实施以前帝国那种相对“稳健”的统治方式。他们追求利润的极大化，破坏了被统治民族的社会结构，把他们变为奴隶，强迫他们就地劳动或者强制带去别处奴役。比如，曾经热衷于开拓美洲殖民地的西班牙帝国，在中美洲和南美洲利用传染病和枪炮杀害当地居民；幸存下来的居民也都被迫更改国籍甚至信仰；当地文化遗产被熔掉做成金条。葡萄牙与荷兰还用枪炮抢夺当地的商品，到了大英帝国时期，殖民者干脆对殖民地的货物交易以及当地民众的各种产业实施强制管辖，力争将在当地榨取的利润最大化。

从历史上看，能够体现这种欧洲帝国主义特征的代表性事例有：英国对印度的殖民统治，美国独立战争，欧洲列强对非洲的统治，以及中英之间的鸦片战争等。下面我们逐一了解一下。

1757 年，在印度东部孟加拉邦的普拉西，英国军队与印度王公及其背后的支持者法国联军作战，取得了胜利，获得了孟加拉地区的管辖权。随后的 100 多年间，英国完全瓦解了莫卧儿王朝的统治，对印度实施殖民统治。

英国对印度的殖民统治，表现出两个主要特征。第一个特征是英国对印度的封建制度给予认可，只对土地拥有者征收固定的税金。虽然这听上去挺合理，但一旦遇到大旱，庄稼没有收成，地主们依旧要一分不少地缴纳税金，而且税金金额定得很高，必须按时如数缴纳。这使得当地的很多地主最终倾家荡产，而那些肯协助英国人的官僚又成为新兴地主。新兴地主不允许农民种植可食用的大米和燕麦，要求他们种植可以让自己获利的染料作物及棉花，因为税金的多少和种植的农作物是什么无关，主要与土地面积有关。由于粮食栽种不足，19 世纪，印度甚至发生过几次大饥荒。第二个特征是英国对印度的殖民统治提出了“分而治之”的口号。英国人挑拨印度当地权力阶层的关系，使他们争斗，分裂印度民众，使自己的殖民统治变得更加容易。他们不是让印度社会变成一个多民族融合的共同体，而是弱化印度人民的力量，使他们更容易被奴役，更方便英国人进行压榨和掠夺。

无视殖民地人民的利益，分裂他们的社会，以便自己获取最大的利益——大英帝国的这种殖民政策在北美洲遭到了激烈的反抗。17 世纪时，北美居住着很多反对英国国教会以及宗教政策的英国人，还有从欧洲过去的荷兰等国的白人。英国人根本无意于把他们统合起来，一起划入大英帝国管辖，他们所关心的只有怎样做才能压榨出更多的利润。英国人阻止北美殖民地向英国议会派遣代表，剥夺他们的政治发言权，同时对殖民地的商品征收高额税金。对此，在北美生活的移民克服彼此间的民族及宗教差异，团结一心，共同抵抗英国的殖民统治。最终，英国人战败,1776 年,13 个英属北美殖民地组成了美利坚合众国，摆脱英国，获得独立。

非洲的黑人也同样受到了英国的剥削与压榨。此外，法国、荷兰、比利时、德国等欧洲其他强国也都像英国一样对非洲大陆进行掠夺，使非洲大陆变成一块悲剧性的土地。这些国家分裂非洲部族，并诱使非洲人把敌对部族的人抓来当奴隶，卖给欧洲人。在欧洲人看来，非洲人属于

波士顿倾茶事件

“不让我们向议会派遣代表，却只让我们缴纳税金！”1773 年，一些打扮成印第安人的殖民地居民潜入英国船只，把关税很高的茶叶一整箱一整箱地倒进大海，“波士顿茶党”由此得名。波士顿倾茶事件成为美国独立战争的导火索

劣等民族和社会最底层，并且随时随地对他们进行奴役，掠夺他们的资源。

鸦片

罂粟果内汁液提炼出来的一种毒品，成瘾性很强。

最后，我们再谈谈鸦片战争。在欧洲帝国主义构筑的世界贸易网络中，这是一个非常明显的迫害另

刚果的眼泪

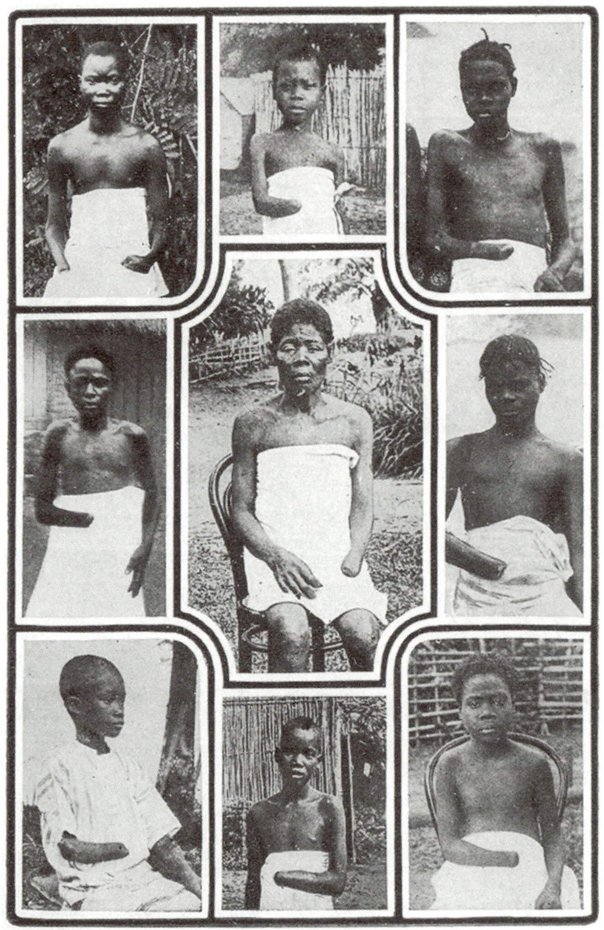

殖民中非密林的比利时人规定当地居民定时缴纳一定数量的橡胶。如果没有交出规定数量的橡胶，就切掉当地人的妻子或者孩子的手

一交易方的典型事例。英国人喜欢喝茶，于是从当时中华大地上强大的帝国清朝进口了数量庞大的茶叶。正因如此，清朝成为当时世界贸易网络中规模最大的贸易顺差国。英国统治者希望找到一个办法改变英国对中国的贸易赤字，于是他们开始向清朝出售印度产的鸦片。清朝统治者当然要阻止这种事的发生。为了进一步打开中国市场倾销商品，英国和其他帝国主义国家发动了两次鸦片战争，迫使清政府签订了一系列不平等条约。

对殖民地实行强制统治，挑起分裂，盘剥榨取，以此为能事的欧洲列强，在 19 世纪，其殖民地几乎遍布全世界。到了 20 世纪，德国出现了纳粹分子建立的纳粹德国；大日本帝国则向我们展示了帝国主义的暴力及非人性。欧洲的帝国主义列强，在他们的殖民地上留下的是荒废的土地、极端的贫困、压榨后的伤痕；直到 20 世纪，它们的统治才走向解体。

两次世界大战与欧洲帝国主义列强的命运

与大英帝国竞争，同时紧随其后的法国、奥斯曼帝国、德国、奥地利、意大利、俄国等国之间一直存在着无休止的纷争。尤其是 20 世纪初发生的第一次世界大战，它是帝国主义列强之间积蓄已久的不平衡的大爆发，使

得亚非欧大陆无一幸免地全部卷入了战争旋涡之中。欧洲列强纷纷动用本国所掌握的科技知识与各种资源投入了战争。海洋上有造船术与工科知识结合制造而成的钢铁战舰互相争斗；陆地上有数学、物理学、化学以及弹道学相结合而成的野战炮、机枪、化学毒气各显神通；天上有着人类还

不是很熟悉的飞机在呼啸盘旋。在这样的战斗中，战略与战术都失去了意义，无比强大的火力与杀伤力主宰了战斗；约 1 000 万人失去了生命。被卷入大战的各大洲都出现了以战争的名义对某个种族进行的屠杀，无数平民百姓被杀害。

印度种姓制度

印度种姓制度的四个等级分别是婆罗门（僧侣）、刹帝利（王与贵族）、吠舍（商人）、首陀罗（用人和工匠）。这四个等级之外还有最受歧视和压迫的“贱民”。

第一次世界大战中战胜的一方获益巨大，而战败的奥斯曼帝国、德国、奥地利原有的殖民地多被其他帝国主义国家剥夺，而且还面临巨额战争赔偿，最终解体，而胜利的英国与法国等国在战后变得更加强大。

在第一次世界大战之后，人们开始团结起来反对欧洲列强的帝国主义行径。英国与法国的知识分子站出来反对帝国主义的压榨和剥削，这使得帝国主义和与之关系密切的资本主义体系出现裂痕，共产主义思想开始传播，在俄国甚至发生了社会主义革命。而战败国德国则建立了名义上以议会民主主义和平等思想为基础的社会民主主义政府。

此外，印度、缅甸、印度尼西亚等列强殖民地开始出现反对欧洲帝国主义统治的潮流。尤其在印度，印度人在甘地的领导下，团结一致反对英国的殖民统治。甘地与他的拥护者们反对英国的掠夺式经济体系，希望救印度人民于水火之中；他们努力呼吁保护女性权利，并试图废除种姓制度。1930 年，为了反对英国对盐的垄断，甘地带领印度人民开展了非暴力的“食盐游行”。英国军队对手无

食盐游行

甘地领导的这次游行，很好地展示了非暴力不合作运动的力量与价值，它把印度人的心团结到了一起，向全世界揭露了大英帝国的无耻和贪婪

寸铁的印度人民使用武力，将他们打翻在地，向世界暴露了帝国主义的穷凶极恶。印度人民的凝聚力在 1942 年的“退出印度运动”中很好地显现出来，这也代表着印度开始进入全国性的独立运动阶段。

但欧洲帝国主义列强没有那么容易垮台。欧洲有识之士开始反抗纳粹德国鼓吹的所谓“第三帝国”这个怪物，并对之认真思考和反省。

欧洲帝国主义是通过对海外殖民地资源与劳动力的掠

夺，来生产并攫取当时最有价值的货物的政治体系；第一次世界大战是分裂为两派的欧洲列强试图消灭另一派竞争者的战争。失败的一方走向解体，失去了攫取资源与劳动力的能力，逐渐没落。知识与财富来源发生断裂的德国、奥地利和土耳其（曾经的奥斯曼帝国）等国，虽然努力进行重建，但事实上并不容易。战败国的经济基础尤其变得薄弱，比起战胜国，它们对世界经济的波动会更为敏感。因此，20 世纪上半叶，当世界经济危机发生的时候，美国和英国等国都可以通过相应的经济政策进行调整，而那些战败国则陷入了全国性贫困。

纳粹德国的第三帝国，就是在这种战败打击、战后赔款、经济衰落以及社会矛盾深化的背景下诞生的。1933 年，阿道夫·希特勒与戈培尔、鲍曼、戈林等所领导的民族社会主义德意志工人党，利用饱尝战争苦难的德国民众的不满心理，成功掌握了德国政权。他们鼓吹日耳曼民族的优越性，迫害犹太人，排斥共产主义，形成以希特勒个人崇拜为主的全国性上下一致，倡导国家主导的经济发展，试图重新燃起德意志人民建立强大帝国的斗志。

民族社会主义德意志工人党
一般被称为“纳粹党”。

在人类历史上最具有煽动力的阿道夫·希特勒的大力鼓吹宣传下，

德国上下结合为一体。犹太人和吉卜赛人遭到迫害，纳粹收缴犹太人的资产作为国家发展的原动力。他们拒绝支付“一战”的赔款，利用国家主导的大规模投资增加就业岗位，努力提高农业生产力。同时，纳粹党致力于加强军需产业的发展，这使得德国在很短时间内就重新发展成欧洲的军事强国。在德国重建的希望与帝国梦想的双重作用下，帝国中心区域聚集了一大批诸如海森伯这样的伟大的科学家，以及雷尼·里芬斯塔尔及威尔海姆·富特文格勒等艺术家，他们对帝国的复兴起到了很大的帮助作用。

吉卜赛人

原住印度西北部的流浪民族，19 世纪到 20 世纪，他们处于欧洲社会的最底层。

纳粹德国、日本和意大利等组成了“轴心国”，于1939 年挑起了新一轮战争。在这几个轴心国与英、美、苏、中等国组成的“同盟国”之间进行的这次战争，被称为第二次世界大战。德国最先吞并了奥地利，很快就占领了波兰、法国、巴尔干半岛、挪威等国。对于建立民族共同体或者民族间协作发展毫无兴趣的纳粹德国，强迫占领国的民众、知识分子及技术人员进行选择，要么加入自己一方，要么死亡。反抗纳粹的人一律处死，犹太人及吉卜赛人等所谓“劣等民族”则遭遇大屠杀。欧洲各地的宝贵财富全部被运往纳粹德国，欧洲伟大的美术作品也被大量搬往柏林。

纳粹德国的核心人物

阿道夫·希特勒（左）与赫尔曼·戈林、保罗·约瑟夫·戈培尔、马丁·鲍曼（右侧自上至下），他们是纳粹德国最黑暗一面的代表

纳粹德国的根基在欧洲各国的强烈反抗下发生了动摇，美国也加入了反法西斯阵营。在与苏联红军的作战中，德军惨败，这使得德意志第三帝国在成立10余年后

的 1945 年最终走向灭亡。希特勒开枪自杀，其他的纳粹党高层最后也都落得悲惨下场。

二战结束后，随着纳粹德国的野蛮行径逐渐广为人知，欧洲人开始对帝国主义的覆灭进行真正的反思。与此同时，海外殖民地的独立运动更加如火如荼。战败国德国、意大利及日本等国的帝国主义势力走向没落，其原有的

大屠杀

纳粹一共屠杀了大约 600 万犹太人。“holocaust”（大屠杀）一词中，“holo”是由希腊语中表示“全部”一词而来，“caust”则由希腊语中表示“焚烧”的词截取而来。两词合二为一表示“全部焚烧”之意。犹太人则更多使用“shoah”一词来代替“holocaust”，它在希伯来语中表示“浩劫”之意。

奥斯威辛集中营

纳粹德国曾在波兰的奥斯威辛修建了最大规模的犹太人集中营。在那里，他们残酷奴役犹太人，使大批的犹太人因饥饿、疾病而死亡，还用枪或者毒气对犹太人进行成批屠杀。在焚烧犹太人的尸体之前，还会剥下他们的头皮制作假发，敲下他们镶的金牙熔化为金块，用焚烧尸体产生的油脂制作肥皂。对于其他民族，纳粹德国没有采取任何民族共融政策，反而代之以各种虐杀及种族隔离政策，并榨取他们的各种财产及资源。

奥斯威辛集中营

华沙之跪

1970年，联邦德国总理维利·勃兰特在波兰首都华沙的犹太隔离区起义纪念碑前跪下，为纳粹德国曾经的野蛮行径谢罪。第二次世界大战后，欧洲各国开始思考如何实现世界各民族共同合作与发展

殖民地逐渐摆脱殖民统治。曾经是殖民地的印度及东南亚等国，也都纷纷开展了独立运动，最终把英、法等国的势力驱逐了出去。非洲、美洲各殖民地也纷纷获得了独立。欧洲曾经的帝国主义各国开始反思帝国主义时代所存在的问题，重新思考地球村的协同发展与共存。

新的帝国时代

随着欧洲帝国主义走向终结，20 世纪开始形成新形式的帝国。这些新出现的帝国，规避直接进行殖民统治的负面效果，为了谋求其他民族的自发性合作，不再采用传统的征服与统治手段，而是从思想上、经济上、文化上进行统治，从而建立新型的帝国。20 世纪，这种新型帝国有两个，一个是美国，一个是苏联。

在第一次世界大战之前的俄国，沙皇实行腐朽的独裁统治，官僚腐败无能，地主压榨农民（农奴），使他们饥寒交迫，资本家给工人最低的工资，工作环境极为恶劣，整个社会的矛盾已经到了岌岌可危的程度。

这使得共产主义者提出的农民与工人掌握国家权力并享有自己从事生产和经济活动的盈余的共产主义思想，在贫困的俄国民众中得到了广泛支持。列宁与布哈林等俄国社会民主工党的领导人积极顺应这种社会潮流，领导人民与沙皇政府进行激烈的斗争与对抗，并一直寻找进行革命的机会。最终，在第一次世界大战爆发后，他们抓住俄国国内沙皇、临时政府统治及军事能力减弱的机会，于 1917 年领导了社会主义革命（十月革命）。

革命成功后，1922 年，又建立了苏维埃社会主义共和国联盟（简称苏联），实施强有力的集权统治，并努力

《战舰波将金号》

俄国民众的苦难生活，资本家们厚颜无耻的敛财行径，不仅在农村及各个行业中屡见不鲜，就是在军队中也存在。那些来自平民家庭的水兵，在艰苦的环境中从事繁重的体力劳动，而来自上流社会的士官们却锦衣玉食，动辄对水兵们进行严酷的体罚。1905 年，“波将金号”铁甲舰上的士官们强迫水兵食用腐烂的牛肉，并且将反抗不吃的水兵冠以违抗军令的罪名枪毙。忍无可忍的水兵们起义反抗，杀死舰上的士官。俄国社会所存在的严重问题使得军队中视纪律与凝聚力为生命的传统动摇。当时的俄国，别说是作为帝国，就是作为一个普通的国家都已经到了统治难以为继的程度。

1925 年，导演谢尔盖 · 爱森斯坦将“波将金号”战舰的起义拍成电影。爱森斯坦的《战舰波将金号》被认为是有史以来最伟大的电影之一，也是有史以来最好的宣传片之一

发展重工业，向着发达国家迈进。到了斯大林时代，苏联的国力达到了最强，一跃而成为军事强国。第二次世界大战爆发后，苏联与纳粹德国的主力部队进行战斗，取得了艰难的胜利，保卫了社会主义果实。

第二次世界大战胜利后，苏联加快了成为帝国的脚步。但苏联的扩张，并不是依靠殖民统治获得的。苏联利用共产主义思想逐渐发挥强大影响力，使别的国家也逐渐加入自己的阵营。这一时期，苏联最有力的武器是共产主义意识形态，以及先进的科学技术、强大的军事能力和经济能力。

在苏联的影响下，东欧的波兰、匈牙利、捷克斯洛伐克、南斯拉夫、保加利亚、罗马尼亚等国都接受了共产主义思想，加入了以苏联为核心的共产主义经济圈，处于苏联羽翼之下。1946 年，英国前首相丘吉尔发表“铁幕演说”，主张英美联合对抗共产主义，拉开“冷战”帷幕。第二次世界大战结束后，柏林建起了一道柏林墙，把这个城市分为东西两个意识形态阵营。在亚洲，中国、越南、缅甸、朝鲜等国加入了共产主义阵营；包括古巴在内的一些中南美国家也接受了共产主义思想。这些共产主义国家相互之间进行贸易，在国际外交问题上相互支持协作。此外，苏联还给这些国家提供战斗机、坦克、导弹等军事装

库尔斯克会战

库尔斯克会战（1943）是第二次世界大战中苏联与纳粹德国部队在俄国西部库尔斯克展开的决定性战役之一。在这次战斗中，双方投入了8 000多辆坦克，是历史上最大规模的坦克会战。在这次战役中，苏联工厂的工人日夜加班生产轻便且威力巨大的T-34坦克，士兵们被强烈的爱国情怀感染，誓死战斗，军民一心，最终成功阻止了德军的进攻。从此，苏联掌握了苏德战场战略主动权

备，帮助他们训练军队。许多共产主义国家的精英人才都会去莫斯科留学，这里成为他们学习航空航天技术以及粒子物理学的首选之地。

但以苏联为中心的共产主义阵营也存在着许多问题。苏联在追求自身利益与帝国梦想的过程中，对别的国家与

AK-47 突击步枪在苏联扩大军事影响力方面功不可没。这款步枪的名称取自设计者米哈伊尔·季莫费耶维奇·卡拉什尼科夫名字首字母，易于制造，携带轻便，结构简单，故障极少，被视为步枪界的 T-34。除苏军外，世界上有 30 多个国家装备过这款步枪。

民族实行高压政策，常有利益冲突。为了解决这些冲突，苏联甚至会动用武力。20 世纪中期，共产主义阵营中的两大巨头——中国与苏联的矛盾已经到了几乎不可调和的程度，甚至在之后很长时间里都没有缓和。而捷克斯洛伐克、匈牙利更是掀起了有脱离苏联和共产主义阵营倾向的各种改革和运动，最终遭到了苏联的武装干涉。

苏联内部也存在一些问题，如言论自由有限，民族矛盾未能有效缓和。

以上种种使得苏联的影响力日益下降，陷入危机。最终，这个庞大的帝国从内部开始瓦解，连 100 年的时间都

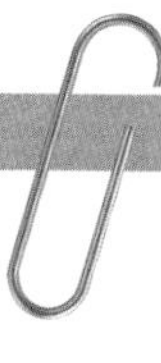

“圣战者”

把火箭筒架在肩膀上的“圣战者”。苏联花了将近 10 年的时间打击阿富汗，遭遇到自称“圣战者”的穆斯林游击队员的不懈反抗

没到就走向了解体。

作为共产主义国家代表的苏联，其对立面是美国。美国自 18 世纪从英国殖民统治下获得独立之后，迫害北美洲原住民，在坐拥广袤土地及丰富资源的基础上，大力发展农业、畜牧业及工商业。到 20 世纪，在第一次世界大战中，美国化身最大的军火商，一跃成为世界强国。从阿

姆斯特丹到伦敦，世界的金融中心这一次转移到了纽约。哈佛与耶鲁等美国名校甚至超越了剑桥与牛津，成为世界一流大学。

在第二次世界大战中，美国在欧洲战场上与盟国密切配合，战胜了德国，在太平洋战场上击溃日军，显示了美国强大的军事实力。美国的军事实力完全建立在极为丰富的物质与资本基础上，在海陆空各个领域都表现极佳。在第二次世界大战后期，美国还首先拥有了核武器。

与苏联相同，美国在第二次世界大战之后，对实行自由主义与资本主义的许多国家施加影响，并逐渐增加自己阵营的国家数量，最终成为强大的帝国。与此同时，美国影响着资本主义世界的政治与军事、外交与经济等各个方面，与苏联领导的共产主义阵营对抗。美苏两大意识形态的对立，在两国实现自己帝国梦想方面作用巨大。美国处于以资本和金融为中心的资本主义阵营的中心，加入这个阵营的国家越多，美国可以聚集的财富与权力也就越多；苏联处于共产主义阵营的核心，加入共产主义阵营的国家越多，苏联也就越富有和强大。

因此，当苏联忙于到处宣扬它的共产主义理想之时，美国则提供大量的资金给德国、土耳其、日本等国作为战后重建资金，以此建立资本主义阵营，并加强美元的地

空中打击

第二次世界大战中的主要战略轰炸机——“飞行堡垒”B-17轰炸机（左）和现代美国使用的作战飞机“收割者”死神无人机（右）。美国最喜欢的战争形式是空中打击。地毯式轰炸是一种需要投入大量金钱的作战方式，但同时会给被轰炸地区造成全面性破坏。美国曾空袭过柏林和东京，也曾空中打击过朝鲜、越南、伊拉克、塞尔维亚、阿富汗等国。美国投下的第一颗原子弹也是以空中打击的方式进行的

位。苏联发射宇宙飞船，美国则让自己的宇航员登上月球，借以宣示美国科技的发达。美国希望别国民众记住："要去留学的话，美国自然要比苏联更好。"苏联瓦西里·康定斯基的美术及芭蕾大放异彩，美国就推出了自己的波普艺术、好莱坞电影以及音乐剧。苏联有普罗科菲耶夫、肖斯塔科维奇等伟大的作曲家和埃米尔·吉列尔斯、李赫特这样的出众钢琴家，美国则有流行音乐、说唱、摇滚、爵士等。美国希望其他国家的人认识到一点：美国文化新鲜并且有趣。苏联让体操成了其代表性体育项目，美国则让全世界瞩目其运动员在篮球、田径和游泳方面的精彩表现。美国人把可口可乐、麦当劳、必胜客推向了全世界，影响了各国人民的饮食生活及口味，还用电视及大型超市等让世界各国民众感受到美国的强大和魅力。

此外，美国还不遗余力、不择手段地通过各种方法不断扩大受它支配的资本主义阵营的范围。首先，在以美国为中心的西方资本主义阵营中，美国对于支持自己的国家，会从军事和经济方面给予各种支持与协助；一旦某个政权与苏联政权靠近或者接受共产主义思想，就毫不留情地进行经济制裁或者军事打击，直至推翻该政权。

此外，美国还直接军事介入其他国家的统一进程。比如，朝鲜的共产主义政权即将统一朝鲜半岛的时候，美国派军入朝作战，阻止统一进程，并试图令资本主义政权统一朝鲜半岛。当越南在独立战争中表现出倾向于共产主义意识形态的时候，美国直接派军队入越作战。在中美洲，当巴拿马与新格拉纳达之间发生问题的时候，美国毫不犹豫派遣军队。近年来，美国还派兵进入伊拉克，推翻了反美的萨达姆政权。

美国政府的种种行径也遭到了国内外的强烈谴责和批判。美国的知识分子阶层在知道了美国曾支援南美的独裁政权之后，给予美国政府强烈的批评。年轻阶层更是反对美国为了扩张和建立资本主义阵营而发动战争，他们希望能够建立和解、共融、协作的外交关系。

1979 年，伊朗发生伊斯兰革命，驱逐了独裁君主，成立了政教合一的国家。从此，伊朗开始宣扬美国是邪恶国家，并高举反美大旗，希望借此把阿拉伯国家整合为一体。因为以色列和巴勒斯坦之间的矛盾，已经对立的阿拉伯国家和美国，在伊朗革命以后更是矛盾重重。

美苏两国的对抗，最终随着苏联的解体而终结。苏联解体，原本属于共产主义阵营的一些国家也全面实行资本主义经济体制，整个世界似乎为美国追捧的自由主义经济所占领。这样一来，无论从政治思想还是经济体系上，美国似乎都不再有到处发动战争的理由了。但美国依旧努力继续在经济、文化和知识层面扩大影响力。这是因为美国

“第一滴血”系列

“第一滴血”系列是美国人拍摄的一系列动作电影。在《第一滴血2》中，美国人把入侵越南的美军描述成好人，把越南本地人描述成恶魔。但在《第一滴血3》中，又把进入阿富汗的苏联人描述成坏人，却把当地的圣战者和塔利班描述成争取自由的斗士。美苏两国在努力获得世界霸权方面彼此十分相似，它们都强调自己是正义的一方，同时拼命诋毁和诽谤另一方。电影等文化产业便是他们彼此竞争宣传的前沿阵地。

《第一滴血2》海报（左）和《第一滴血3》海报（右）

伍德斯托克音乐节

1969 年，以“和平、反战、博爱、平等”为主题举办的面向美国年轻人的音乐节

希望能够继续保持贸易利润最大化，同时期望在知识与文化层面的交流上持续保有优势地位。而且，从今天的美国来看，它有着许多与以前的帝国完全不同的方面，比如以美国的霸权为基础，以巨额资本及超高技术水平武装自身的大型跨国企业。

这些美国的大型跨国企业，在许多方面是依靠美国在

伊拉克战争

美国以拥有大规模杀伤性武器为理由进攻伊拉克，但却没有找到这些武器。世人批评美国政府不过是为了把伊拉克石油的开采权授予本国的石油企业，才悍然发动了对伊拉克的战争

世界上的霸主地位才得以发展和生存的，比如美国的武器生产商洛克希德·马丁公司以及飞机制造商波音公司。当美国的政治影响力在世界上不断增强，各国便会纷纷购买美国的武器，这些武器生产商和飞机制造商就可以赚个盆满钵满。世界各地发生战争的时候，也是它们大发横财的时候。因此，近年来，美国不再使用与共产主义阵营对立

的借口，而是以恐怖活动与纷争、拥有大规模杀伤性武器等为理由发动战争。而且，在这些战争中，美国政府使用了大量的导弹和炮弹，成了这些军工企业的最大客户。

美国的石油巨头希望能够在沙特阿拉伯、伊朗、卡塔尔、伊拉克等阿拉伯国家的石油开采中分一杯羹，因此美国希望能够在政治上、军事上对阿拉伯国家拥有更大的支配权。但本书前文提到，美国与阿拉伯世界的政治对立非常严重，因此美国选择通过海湾战争和伊拉克战争等军事手段达到目的。也正是在这样的背景下，美国政府与其国内的石油巨头、军工企业逐渐形成了三角同盟关系。

不仅仅是美国，这种政府与企业间的同盟关系，在英国及英国的制药公司、韩国与韩国的财阀企业、日本与索尼和丰田等之间都存在。换言之，随着一个国家在国际社会上的影响力越来越大，它必然会保护本国大企业的国际利益；而这些企业为了追求利润最大化，也必然会给政府施压。近年来，中国的一些企业因为拥有技术、天然资源以及劳动力成本优势而发展迅速，美中两国之间的企业竞争，也

稀土

稀土是原子序数从 57 到 71 的 15 种镧系元素，加上钪、钇一共 17 种元素的统称。它们在地球上储量较少，因此被称为“稀土”。这些元素在永磁、激光、光学镜头、电池、荧光灯、液晶显示屏、超导材料等制造方面都属于核心元素。世界上稀土产量的约九成由中国承担。

随之开始在世界各地频频出现。

这些大型跨国企业拥有自己的物流体系及发达的通信网络，能够自由进行资本与劳动力、信息与知识的传递及交流；因此，有些大企业甚至可以摆脱某一个国家政府的控制，在国际上拥有自己的影响力，俨然一个商业帝国。这些跨国企业在生产过程中，如果需要廉价劳动力，那么就会到劳动力价格低廉的地方建厂生产；如果需要高水平技术，那么就会在全世界寻找平均学历水平高的地方雇用高学历人才。它们的资本，其产生、流通、投资等一系列过程都超越了国界的限制。它们的产品需要在许多国家的市场销售，因此它们希望这些国家能够免除或降低关税。

但是，像前文提到的这种国家与大企业之间建立的同盟，以及跨国企业的国际化等，近来也开始招致批评，引起各国国民的反对。美国等政府为了满足国内军工企业的需求，让它们在世界范围内获取更多利润而发动战争的行为，遭到了民众的严厉谴责——为了企业利益不惜牺牲人类生命。那些跨国企业的行为，很多时候与过去欧洲帝国主义所表现出来的行为实际上异曲同工：以低廉的价格榨取欠发达国家的各种资源与劳动力，生产出来的产品又会以很高的价格销往欧洲与美国。换言之，就是把欠发达国家的资源与劳动力和发达国家的知识、资本与消费市场连接成网，然后从中牟取暴利。

因此，即使是在今天，我们依旧生活在存在帝国的世界，既享受着帝国带来的便利，也目睹了帝国带给我们人类的副作用。了解帝国民族的想法，熟悉帝国所带来的好处及副作用，然后想方设法利用帝国为我们人类社会提供的庞大贸易网络，寻求减少压榨与剥削的解决之道，也许终有一天，我们可以构建一种新时代下充满希望的公平的人类社会。

汇率战

现下，中国与美国之间的竞争关系，要比其他各国之间的关系都要复杂和尖锐。两国立场对立比较严重的一个方面就是汇率问题。中美之间的汇率问题，几乎可以被称为汇率战。简单地说，就是美国希望人民币升值，以改善对中贸易中的严重贸易逆差，而中国对此并不情愿，因而中美之间产生了矛盾。美国认为人民币价值被严重低估，因此中国的商品在美国市场中的售价就比较低廉。也就是说，用“不值钱”的人民币进行投资，制造出来的商品换成“值钱”的美元的话，售价就非常便宜。因此美国指责中国以价格相对低廉的商品为武器，使得美国产品销售困难。美国的想法其实十分片面，但政府不顾事实和专业意见，试图强迫人民币升值，中国则希望阻止美国这一行为，在政治、经济影响力竞争之外，中美两国之间的这种汇率战最终会以怎样的形式结束，让世人为之瞩目。

正在收获咖啡豆的尼加拉瓜儿童

咖啡是深受人们喜爱的饮品，在咖啡供应链中，有相当大比例的咖啡豆是由第三世界国家的孩子们拿着低廉的工资采摘提供的

共建地球村

经历过两次世界大战以及冷战时期的极端对峙，人们已经对欧洲帝国主义、法西斯主义、苏联和美国等的各个方面有所了解，也认识到很多帝国都是通过武力、技术和对其他民族的剥削来达到繁荣发展的目的。对此，在20世纪，越来越多的人对之前人类历史上各个帝国发展的方式进行反思。人们开始摒弃通过压榨或者剥削他国的方式发展自身的道路，谋求全人类互相协作共存，寻找共同获得繁荣发展的解决之道。21世纪，人们希望建立一个文化、民族及人种多样性共存的社会，一个重视人权的社会，一个注重贸易公平性的社会。虽然这样的社会并不是近期内就可以建立起来的，但人们一直在朝着前所未有的包容与协作的方向不断努力。

这种渐进式的努力，当然也体现在一些国际关系的建立以及国际机构的协作上。联合国并不仅仅是一个商讨成员国之间政治、外交问题，或者阻止战争和维护纷争发生地区和平的机构，它还帮助人类社会解决一些必须面对的课题及问题，增进相互间的理解，尊重和保持人类的多样性。

联合国下属的世界卫生组织（WHO）在世界各国设有研究机构，与各国政府协作，研究各地重大疾病、大型传染病及健康问题，帮助各国在紧急状态下采取措施解决问题。世界卫生组织的主要职能包括寻找禽流感或者埃博拉病毒发生和传染的原因，寻找治疗方法，研制疫苗等；防止艾滋病、狂犬病、结核病等各种疾病扩散；解决饮用水水源不洁净等与人类健康息息相关的问题。因此，世界卫生组织是以国际协作为中心，集全世界之力来共同构筑国际健康网络，以便解决和处置相关问题的机构。

联合国下设的教科文组织也十分知名，它的存在是为了消除地球上各个国家在知识、教育领域发展不均衡的问题，帮助低收入国家建立学校、培训教师等，保存并研究地球上彼此不同的文化遗产，以增加国家与民族间的相互理解。

欧洲各国建立的欧洲联盟简称“欧盟”，是为了增加欧洲各国之间的协作与理解、帮助低收入国家发展经济、促进欧洲共同体形成与繁荣而存在的。虽然欧盟各国的国际影响力越来越大，我们也很难判断它最后会不会发展成为一个隐形的帝国，但曾给人类社会带来无数战争的欧洲，现在正在努力增进人类之间的相互理解和协作，这一点不容否认。

建立地球村的努力，也存在于非政府组织层面。“无国界医生”组织会去享受不到医疗服务的低收入国家或战乱地区，为那里的人们提供医疗服务，以消除传染病的威胁；去那些遭受自然灾害的国家为人们提供先进的医疗服务，共同构筑人类社会的医疗服务体系。绿色和平组织则致力于消除人类活动对地球所带来的消极影响，解决环境污染问题。该组织还反对战争，呼吁减少核武器。

地球村的建立，是与这个地球上每一个人的努力分不开的。而在众多人类共同努力的方法中，背包旅行是一种连接不同民族、国家、意识形态、文化的不错的方法。比如，一个人去卢旺达旅行，在卢旺达吃饭加住宿，购买当地的各种消费品。在这一过程中，旅行者把自己国家较高价值的货币在卢旺达消费掉了，卢旺达民众提供食宿和消费品，因而得到了这笔钱。这在无形中帮助卢旺达发展了因为内战而受到严重伤害的国内经济，还帮助弥补了两国之间经济发展的不均衡。不仅如此，关注当地民众的生活，观察内战给卢旺达社会造成的累累伤痕，会提醒我们，为了防止此类事件再次发生，未来在这方面我们需要倾注更多关心与帮助；与此同时，我们也会更切身体会到帝国主义国家对这些被压迫国家的民众造成的伤痛及后遗症。此外，通过对比语言、宗教及肤色，我们还会收获一些新鲜而有趣的感知与感动。这也会促使我们与当地民众之间友好互动的种子不断萌芽。当然，一定也会有旅行者跑到其他国家进行性交易、拐卖和走私等不法活动，但大部分旅行者都在同我们一起，努力构建地球村中所有民族、国家间的理解和信任，共筑爱与协作的地球和谐网络。

MAP
你好
咚
咚
咚

从大历史的观点看“帝国之梦”

欧洲、伊朗高原、阿拉伯半岛、中亚的草原、中国……我们跟随着“万物大历史”系列的脚步穿越 2 500 年进行的帝国之梦旅行，到此就告一段落了。这趟旅行是不是很有趣呢？如果想留下深刻的回忆，那就需要做一番回顾。只有这样，才能够将当时未解的问题解析得更透彻，而那些宝贵的经验教训也才可以铭刻在心底。下面，让我们一起来回顾这趟帝国之旅吧。

首先，在开始真正的帝国之旅之前，我们了解了一些与帝国相关的基础内容。我们知道，帝国通常是由许多国家与民族共同结合而成的整体；同时，帝国是由具有强大民族认同感和凝聚力的帝国民族建立起来的。帝国的梦想来自帝国民族的野心和欲望；帝国建立之后，帝国民族处于许多民族组成的知识与财富的中心，在这里享受帝国所带来的各种成果。因此，帝国是多个民族集结到一起的结果，它的出现会使人类社会朝着更加复杂的方向发展。为了维护帝国的稳定，有的帝国政权会依靠武力对帝国内的其他民族进行镇压，有的则会努力谋求帝国内部各民族的合作与发展。最后，帝国会把财富、知识与文化集中到一起，与既有的财富、文化相融合，创造出更加复杂的人类文明。以上这些内容都是我们开始帝国之行之前所做的准备。

接下来我们游览了伊朗高原、意大利半岛以及黄河流域。在这一过程中，我们了解了波斯帝国、罗马帝国和中国汉朝的诞生过程。这些帝国都有着团结、进步的帝国民族，他们的帝国野心，通过对美索不达米亚平原、地中海地区、中华大地的征服与统治表现了出来。这几个帝国为了获得被征服地区民众的支持，都采取了合理的税收制度，重视当地的文化、风俗习惯与基层组织。他们都在广袤的土地上实现了和平发展，又通过在和平基础上建立起来的贸易网络，把各地的财富、知识、文化都集中到帝国的首都。波斯帝国在其疆域上形成了不朽的波斯文化，罗马帝国拥有充满平等公民意识的罗马精神，中国汉朝具有强大的创造力及包容精神。人类文明在帝国诞生的转折点上，朝着更复杂的人类社会形态持续发展。

接下来我们访问了阿拉伯帝国的绿洲城市、希腊半岛的港口，游览中国唐朝。阿拉伯曾经的骆驼商人借助伊斯兰教的精神力量，发挥兄弟友爱及协作精神统一了阿拉伯世界。阿拉伯帝国既是宗教的世界，也是自由奔放的文学海洋，还是伟大的哲学与科学的诞生地。伊斯兰世界共通的语言——阿拉伯语在数学、天文学、医学、化学等人类文明发展方面，结下了累累硕果。而地中海的拜占庭帝国和中国的唐朝，利用各种政治经济制度和律令制、科举制等更为精细、合理的法规制度促进社会发展、各民族融合。同时，它们还与阿拉伯国家、印度、东南亚及亚欧大陆上的其他国家建立了贸易通路和交易网络，促进了世界主义文化的形成。阿拉伯帝国与拜占庭、唐朝之间，既有竞争对立，也有贸易协作；与此同时，它们还通过贸易，把欧洲文明也连接到了这个巨大的网络中来。

我们来到中亚的草原，游览了游牧民族所建立的帝国，他们把亚非欧大陆的贸易网络整个连接了起来。蒙古帝国曾经掌握了亚非欧大陆的整个贸易网络，但因为统治阶层缺乏有效的促进民族融合与团结的方法，蒙古帝国又很快分裂为几个较小的国家。莫卧儿帝国通过实施宗教宽容政策以及促进民族融合的政策，在印度的土地上维持着帝国统治；奥斯曼帝国作为地中海地区的统治者，紧握着贸易网络的支配权。随着各国贸易的发展，那些希望可以控制远距离贸易网络的帝国逐渐开始出现。

此外，我们还走访了欧洲的那些海洋帝国。葡萄牙虽然一直处于西欧文明发展之外，但它拥有勇敢又坚忍的船员。葡萄牙人的船只绕过非洲大陆，把印度的香料贸易牢牢掌控在手里。荷兰人在世界上最早建立起股份制公司，使得人类海上贸易变得更为活跃。接下来，孤独地立在海上的英国加入进来，努力建设大英帝国。在荷兰与英国的首都，出现了工业革命，资本主义诞生，科技革命兴起，人类文明不断向前蓬勃发展。

但值得注意的是，欧洲的帝国，比起之前那些帝国所追求的超民族合作的发展方式，更喜欢用武力来进行征服与掠夺。经历了两次世界大战及法西斯势力的压迫之后，人类开始逐渐反省帝国主义造成的问题。无论是苏联与美国进行冷战的时代，还是更像新帝国的大型跨国企业横行的当下，人类追求建立一个地球村的梦想始终存在，并在不断努力将其实现。

如今，我们生活在共建地球村的时代。也许未来的历史学家会把我们所经历的这个时期称为历史转折期。他们看到我们现在所做的一切努力，也同样会有所评价。那么，他们究竟会给予我们怎样的评价呢？也许他们会评价说，从家庭、部落、城市、国家、帝国，随着人类文明一步步发展，我们终于努力建成了理想的地球村。他们也可能会评价说，我们一直忙于彼此之间的剥削与榨取，把人类历史书写得支离破碎、满目疮痍。未来的历史如何评价今天，答案就掌握在我们手中。